Blick von der Burg Dilsberg in das Neckartal, 2. Etappe

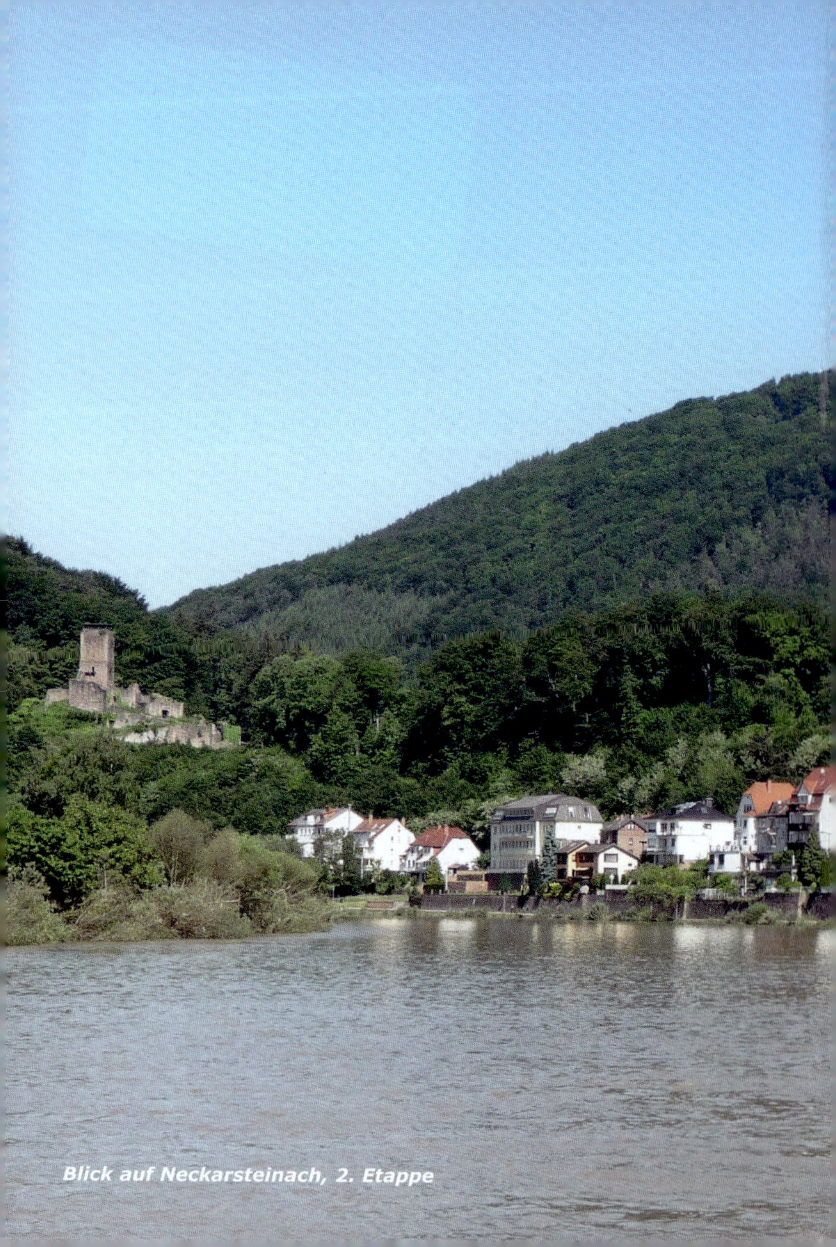
Blick auf Neckarsteinach, 2. Etappe

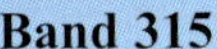

Band 315

OutdoorHandbuch

Dr. Jürgen Plogmann

Neckarsteig

von Heidelberg nach Bad Wimpfen

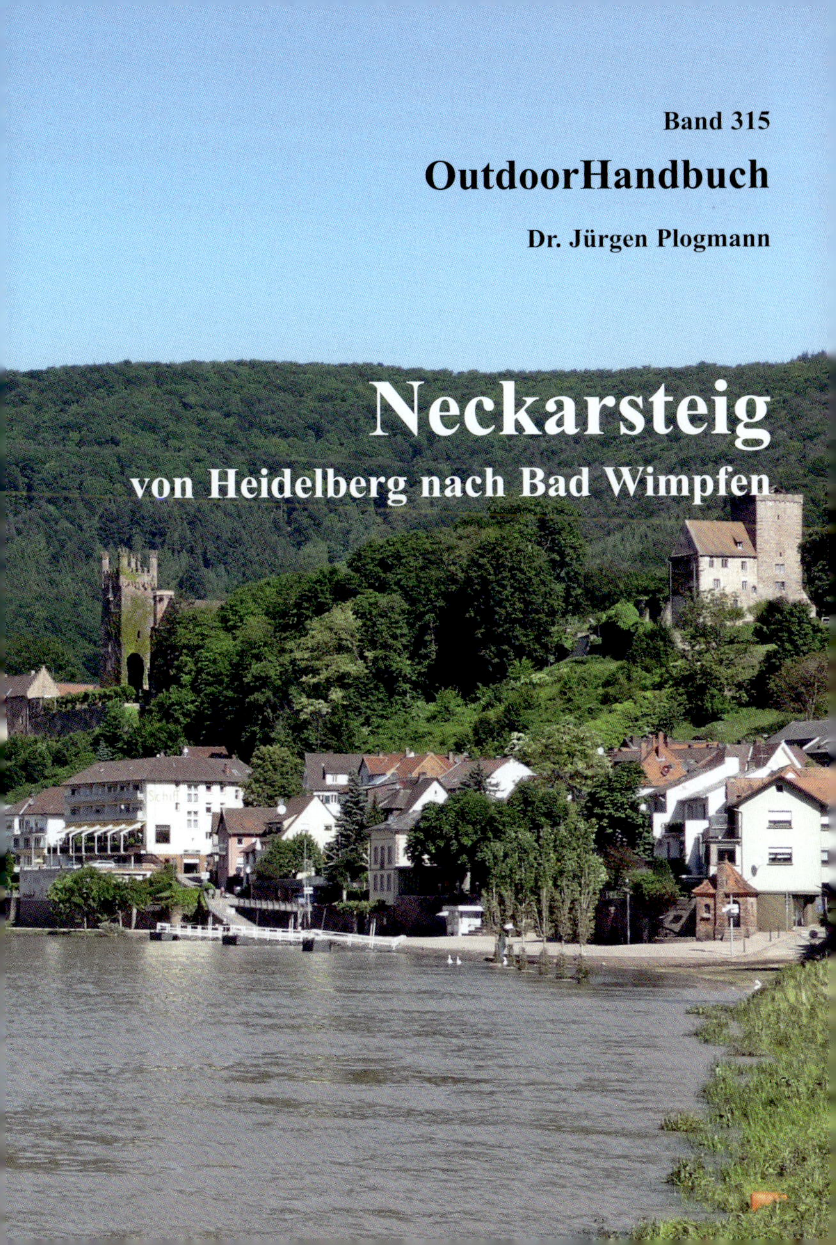

Neckarsteig

Dieses OutdoorHandbuch wurde konzipiert und redaktionell erstellt vom:

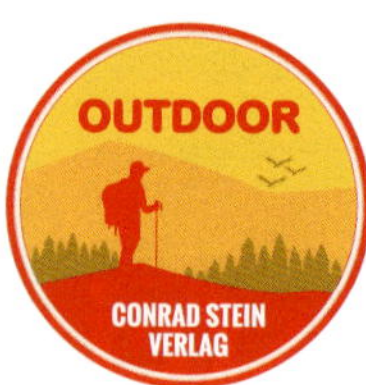

Conrad Stein Verlag GmbH
Kiefernstr. 6, 59514 Welver
☏ 023 84/96 39 12
info@conrad-stein-verlag.de
www.conrad-stein-verlag.de
www.facebook.com/outdoorverlag
www.instagram.com/outdoorverlag

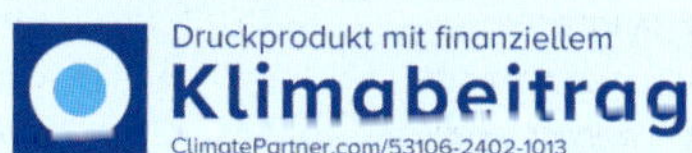

Als Outdoor-Verlag sind uns der Schutz und die Erhaltung der Natur seit jeher ein besonderes Anliegen. Auch in Sachen Klimaschutz haben wir eine Vorreiterrolle inne: Wir sind der einzige Buchverlag in Deutschland, der bereits seit 2008 seine Bücher konsequent klimaneutral in Deutschland produzieren und transportieren lässt. Dabei wird nicht nur klimaneutral, sondern auch nachhaltig, d. h. so umweltschonend wie möglich produziert, z. B. durch die Auswahl von umweltfreundlichen Materialien. Die bei der Produktion der Bücher entstandenen CO_2-Emissionen werden durch die Unterstützung von zertifizierten Klimaschutzprojekten ausgeglichen. Jedes Buch wird daher mit dem Logo „klimaneutral" und einer Climate-Partner-Zertifikatsnummer versehen. Mithilfe dieser Nummer können Sie unter www.climatepartner.com Informationen zu der eingesparten CO_2-Menge und dem Projekt finden, das mit der Abgabe gefördert wird.

Das Engagement des Conrad Stein Verlags wurde im Rahmen des Projekts „Klimaneutraler Buchverlag" mit dem Westenergie Klimaschutzpreis 2022 ausgezeichnet.

OutdoorHandbuch Band 315

ISBN 978-3-86686-833-5 4., überarbeitete Auflage 2024

Text und Fotos: Dr. Jürgen Plogmann
Karten: Heide Schwinn und Manuela Dastig
Lektorat: Anna-Lena Ebner
Layout: Manuela Dastig

Gesamtherstellung: AZ Druck und Datentechnik GmbH, Kempten

Dieses OutdoorHandbuch hat 128 Seiten mit 53 farbigen Abbildungen sowie 9 farbigen Kartenskizzen im Maßstab 1:75.000, 9 farbigen Höhenprofilen, 4 farbigen Stadtplänen und einer farbigen, ausklappbaren Übersichtskarte.

Alle Informationen, schriftlich und zeichnerisch, wurden nach bestem Wissen zusammengestellt und überprüft. Sie waren korrekt zum Zeitpunkt der Recherche. Eine Garantie für den Inhalt, z. B. die immerwährende Richtigkeit von Preisen, Adressen, Telefonnummern und Internetadressen, Zeit- und sonstigen Angaben, kann naturgemäß von Verlag und Autor – auch im Sinne der Produkthaftung – nicht übernommen werden.

Autor und Verlag freuen sich über Ihr Feedback. Schreiben Sie Ihre Tipps und Verbesserungen an info@conrad-stein-verlag.de oder nutzen Sie unsere Social-Media-Kanäle. Bitte nennen Sie dabei Titel, Auflage und Seitennummer.

Dieses Buch ist im Buchhandel und in Ausrüstungsläden erhältlich und kann im Internet oder direkt beim Verlag bestellt werden.

Titelfoto: Hirschhorn

Inhalt

☺ Eine **Übersichtskarte** des Weges, **Autorenprofil** sowie eine Liste aller verwendeten **Symbole** in diesem Buch finden Sie auf den vorderen und hinteren Umschlagseiten bzw. -klappen.

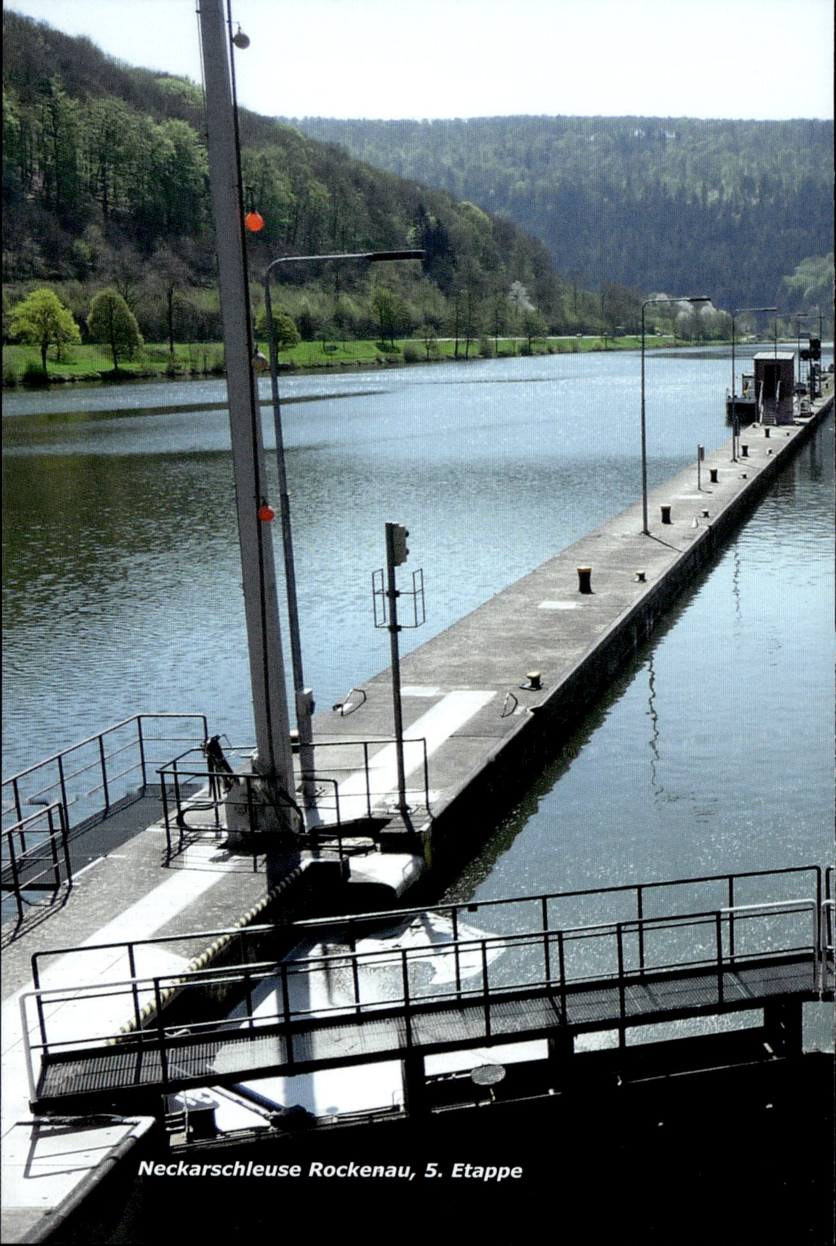

Neckarschleuse Rockenau, 5. Etappe

Vorwort

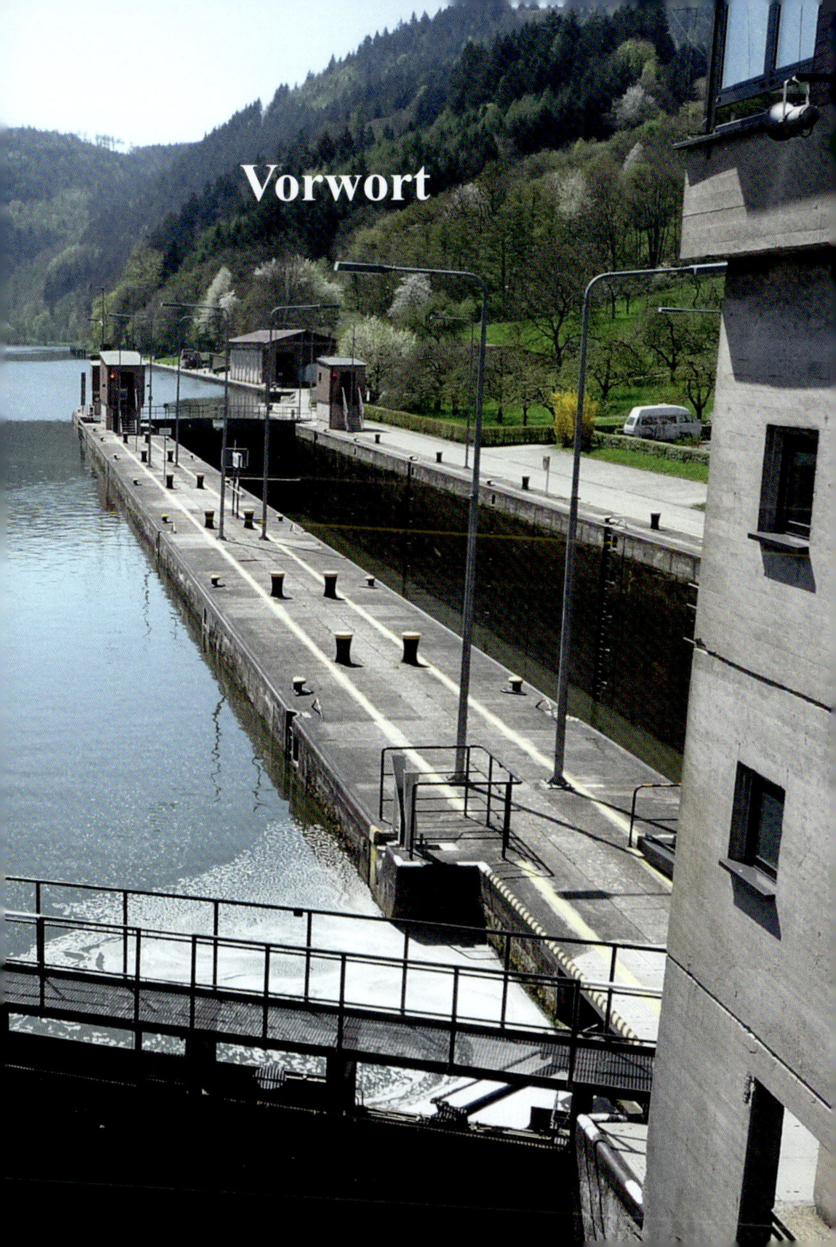

Vorwort von Timo Bracht (Initiator des Neckarsteigs)

Der Neckarsteig ist mittlerweile der bekannteste Wanderweg in der Region „Nord-Baden-Württemberg“ und hat eine rasante Erfolgsgeschichte hinter sich. Auf dem Neckarsteig sind Sie zudem noch alleine, die Wege sind nicht ausgetreten und Sie können sich als Entdecker eines romantischen Flusstals fühlen. „Wohlfühlen hat viel mit der Landschaft zu tun.“

In diesem Sinne, entdecke das Flusstal – und finde dich selbst! Ich wünsche Ihnen schöne Stunden auf dem Neckarsteig, lassen Sie es sich gut gehen und Sie werden wiederkommen wollen.

Ihr Timo Bracht
(Triathlon-Europameister, wohnhaft in Eberbach am Neckarsteig und dessen „Erfinder“)

Vorwort des Autors

Wandern am Neckar bedeutet, eine der schönsten Flusslandschaften Deutschlands mit Muße zu genießen. Seit dem Frühjahr 2012 steht mit dem Neckarsteig ein Qualitätswanderweg zur Verfügung, der den Fluss mit seinen Windungen und Schleifen zwischen Heidelberg und Bad Wimpfen begleitet. Der 127 km lange Weg führt über die bewaldeten Höhen und durch die vom Neckar geformten steilen Hänge, kehrt aber immer wieder in das Tal zurück. Die Altstädte der Orte hier haben weitgehend ihren mittelalterlichen Charme bewahrt. In ihnen gibt es dementsprechend viel zu entdecken und sie bieten angenehmen Aufenthalt, Einkehr und Unterkunft.

Der Neckarsteig ist ein Weitwanderweg mit S-Bahn-Anschluss. Mit Ausnahme von Neunkirchen (von hier gibt es aber Busverbindungen nach Eberbach und Mosbach) sind alle Etappenorte mit der Bahn überwiegend im Halbstundentakt, mindestens aber im Stundentakt zu erreichen. Das ermöglicht es, ein festes Standquartier zu beziehen und die einzelnen Etappen von dort aus mit leichtem Tagesgepäck zu erwandern. Immer wieder eröffnet der Neckarsteig dem Wanderer neue Perspektiven über die Höhen, in das Neckartal und auf den Fluss mit seinen Stauwehren und Schleusen und seinem Schiffsverkehr. Sehen und staunen!

Die Landschaft im Buntsandstein-Odenwald bis etwa Mosbach unterscheidet sich hinsichtlich Geländeformen, Baum- und Pflanzenarten und landwirtschaftlicher Nutzung stark von dem sich anschließenden Muschelkalkgebiet bis Bad Wimpfen. Die klimaregulierende Kraft des Flusses ermöglicht Terrassenweinbau in den steilsten Hängen und dem Wanderer den Genuss dieser Produkte in den Weinstuben und Besenwirtschaften vor Ort. Zwischen dem weltberühmten Heidelberger Schloss und der wohl bedeutendsten Kaiserpfalz der Staufer in Wimpfen stehen 17 Burgen und Burgruinen – der untere Neckar kann also auch in dieser Hinsicht mit dem weltberühmten Mittelrheintal konkurrieren.

Eine Wanderung auf dem Neckarsteig ist Balsam für die Seele!

Dr. Jürgen Plogmann

Danke

Mein Dank gilt allen, die zum Erscheinen dieses Büchleins in verschiedener Weise beigetragen haben. Danke an Herrn Timo Bracht, ohne den es den Neckarsteig nicht geben würde. Danke an Herrn Michael Hahl, der mit seiner gelungenen Konzeption das Produkt Neckarsteig dem Wanderer schmackhaft zubereitet hat. Die Mitarbeiterinnen und Mitarbeiter in den Tourismusorganisationen haben mich mit Informationen versorgt und standen für Nachfragen jederzeit gerne bereit. Mein besonderer Dank gilt Frau Christiane Bachert vom Neckarsteig-Büro, die mich mit Material und Informationen versorgt hat und dabei sehr engagiert und zuverlässig war. Meinem Freund Gerhard Spengler danke ich für die kritischen Diskussionen. Schließlich gilt mein Dank den Mitarbeiterinnen des Conrad Stein Verlages, die aus meinem Rohmaterial ein wohlgefälliges Büchlein geschaffen haben.

Bitte

Alle Angaben in diesem Führer habe ich sorgfältig und nach bestem Wissen und Gewissen recherchiert. Trotzdem sind Unzulänglichkeiten oder gar Fehler nicht auszuschließen. Alle Angaben sind Momentaufnahmen. Auch die Welt am Neckar unterliegt ständigen Veränderungen. Schreiben Sie mir, wenn Sie zwischenzeitlich eingetretene Veränderungen am Weg oder an seiner touristischen Infrastruktur feststellen. Allen Leserzuschriften werde ich nachgehen und sie bei den Folgeauflagen berücksichtigen. Sie erreichen mich über den Conrad Stein Verlag, Kiefernstr. 6, 59514 Welver, info@conrad-stein-verlag.de.

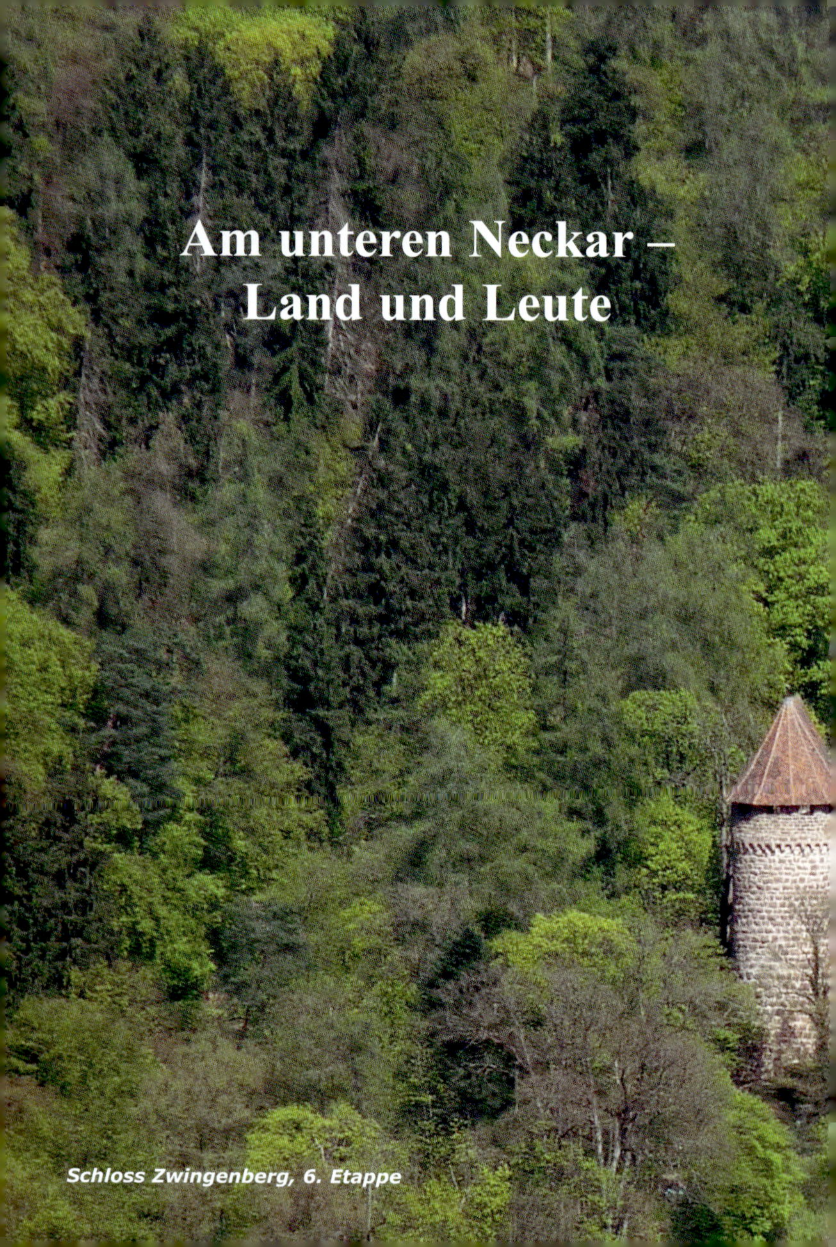

Schloss Zwingenberg, 6. Etappe

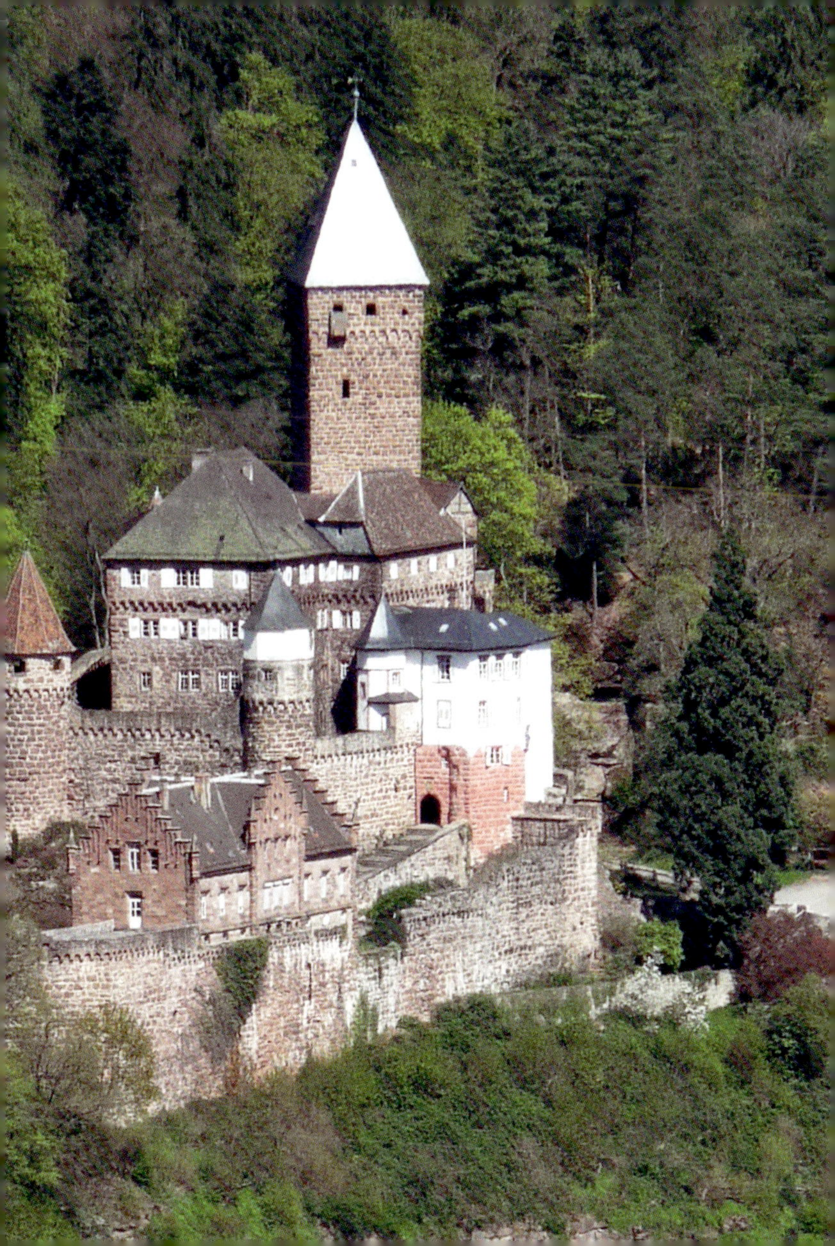

Der Neckarsteig

Der 126 km lange Neckarsteig wurde im Frühjahr 2012 eröffnet und ist vom Deutschen Wanderverband als Qualitätsweg zertifiziert worden. Der Neckarsteig beschränkt sich auf den unteren Neckar zwischen Heidelberg und Bad Wimpfen. Weiter neckaraufwärts im Verdichtungsraum Mittlerer Neckar wären die an den Wanderweg zu stellenden Qualitätskriterien nicht mehr einzuhalten. Der neue Neckarsteig sollte nicht mit dem Neckarweg verwechselt werden, der von der Quelle bis zur Mündung verläuft. Der Neckarweg zählt zu den „alten" Wanderwegen, die den heutigen Qualitätsanforderungen nicht mehr genügen. Zwischen Bad Wimpfen und Heidelberg ersetzt der Neckarsteig den Neckarweg, der auf diesem Abschnitt aufgehoben ist.

Der Neckarsteig hat fast dasselbe Logo wie der Neckarweg, ein geschwungenes **blaues** „N" auf weißem Untergrund (☞ Markierung).

Der Neckarsteig ist so markiert, dass er sowohl neckarabwärts als auch neckaraufwärts erwandert werden kann. Dieser Führer beschreibt den Weg neckaraufwärts, weil eine Wanderung entgegen der Fließrichtung dem Auge intensivere Eindrücke bietet. Der Neckarsteig wird hinsichtlich seiner Trassenführung und seiner Ausstattung in den nächsten Jahren sicherlich weiter verbessert werden. Einige der in der 1. Auflage noch empfohlenen Varianten sind inzwischen Teil des offiziellen Weges geworden.

Ein wenig Geografie

Der Neckarsteig und der untere Neckar verbinden den nördlichen Verdichtungsraum Mittlerer Neckar um Heilbronn mit dem östlichen Zentrum des Verdichtungsraumes Rhein-Neckar, der Stadt Heidelberg. Die Verbindungsfunktion des unteren Neckars drückt sich in der Verkehrsinfrastruktur aus: den gut ausgebauten Bundesstraßen 37 und 27, der Neckartalbahn und der Bundeswasserstraße Neckar. Einer Überformung durch Siedlungen konnte sich diese Region ansonsten weitgehend entziehen. Das ist im Wesentlichen auf die unfruchtbaren Böden des Buntsandsteins und die engen Tallagen zurückzuführen, die nur Raum für kleine Siedlungen lassen. Deshalb gibt es hier noch viel Natur, wodurch sich die Gegend gut für sanften Tourismus eignet.

Der untere Neckar trennt, bevor er sich in den Oberrheingraben ergießt, den südlich gelegenen sogenannten Kleinen Odenwald vom Odenwald. Beiden Gebirgen gemeinsam sind der Buntsandstein und – wie der Name schon sagt – die großflächigen Waldgebiete. Der Fluss bildet streckenweise die Grenze zwischen Hessen und Baden-Württemberg. Im Raum Gundelsheim wechselt der Steig dreimal zwischen Baden und Württemberg.

Geologie

Die erdgeschichtliche Entwicklung beeinflusst unser heutiges Leben mehr, als uns bewusst ist. Das Vorkommen verschiedener Böden, von Tälern, Ebenen und Gebirgen, der Lauf der Flüsse, das Kleinklima, Flora und Fauna, die Eignung für Siedlungen, Verkehrswege und Verkehrshemmnisse sind durch die Geologie vorbestimmt.

Wabenverwitterung im Buntsandstein

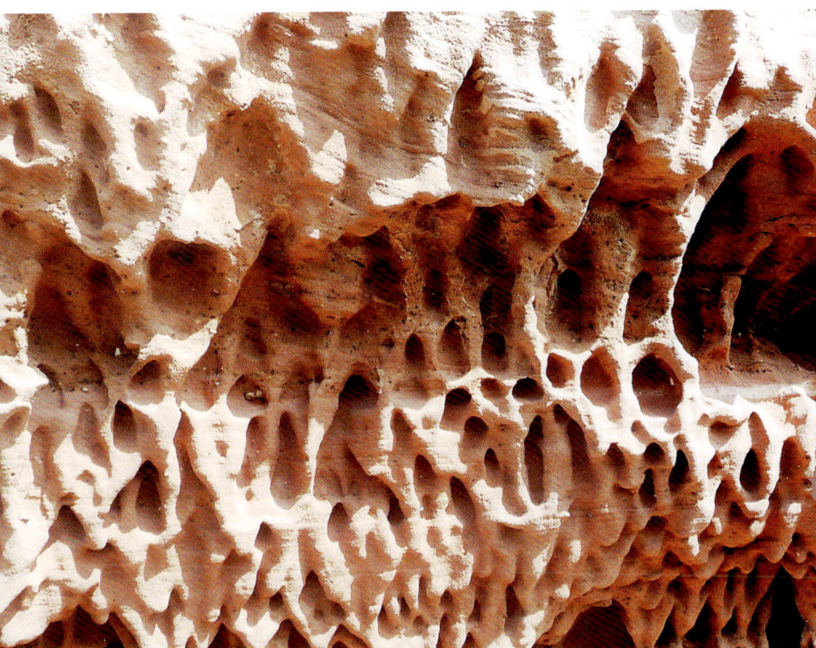

Das prägende erdgeschichtliche Ereignis in Südwestdeutschland und die Geburtsstunde des Neckars ist der Einbruch des 300 km langen und 35 km breiten Oberrheingrabens. In Folge der Entstehung der Alpen, die durch die Kollision der Afrikanischen mit der Eurasischen Platte aufgefaltet wurden, wölbte sich das Gebiet durch aus dem Erdmantel aufsteigendes Magma, bis das Gewölbe überdehnt wurde, im Scheitel riss und bis zu 4.000 m einstürzte. Das geschah vor etwa 55 Mio. Jahren. Die Randschultern des eingebrochenen Gewölbes waren in der Folgezeit aufgrund ihrer Höhe am stärksten der Erosion ausgesetzt. Sie werden heute von Pfälzerwald und Vogesen im Westen und von Odenwald und Schwarzwald im Osten gebildet. Die Gesteinsschichten wurden im Odenwald bis zum Buntsandstein und am Westrand zur Bergstraße sogar bis zum kristallinen Grundgebirge abgetragen.

Der Buntsandstein bildete sich durch Sandablagerungen von Flüssen in einem wüstenhaften Klima vor 250 bis 245 Mio. Jahren. Er ist durchschnittlich etwa 400 m mächtig und besteht aus Schichten unterschiedlicher Stärke und Härte. Seine rote Färbung ist auf Eisenoxidverbindungen zurückzuführen.

Anschließend, vor etwa 245 bis 230 Mio. Jahren, war Mitteleuropa vom Meer bedeckt. Die Ablagerungen der Meerestiere bilden die gut 200 m starke Formation des Muschelkalks. Diese Gesteine treten bei der Wanderung neckaraufwärts ab etwa Neunkirchen zutage. Der Übergang vom Buntsandstein zum Muschelkalk ist an mehreren Anzeichen zu erkennen: Der Wald dominiert nicht mehr, die Landschaft wird durch landwirtschaftliche Nutzung offener und es haben sich Orte auch auf den Höhen entwickelt. Nadelbäume werden durch Laubbäume, insbesondere die kalkliebende Buche, abgelöst. Das Baumaterial der Häuser und Burgen wechselt von Buntsandstein zu Kalkstein.

Die nächstjüngere und dritte Formation der Trias, der Keuper, tritt im Raum Heilbronn an die Erdoberfläche. Dieses weiche, ockerfarbene Gestein setzt der Erosion durch Wasser wenig Widerstand entgegen, was zu sanft geschwungenen Geländeformen führt. Die noch jüngeren Kalkgesteinsschichten des Jura sind bis an die Steilränder von Schwäbischer und Fränkischer Alb abgetragen. Auf diese Weise hat die Erosion das Südwestdeutsche Schichtstufenland geschaffen.

Geopfade und Geopunkte des Geo-Naturparks Bergstraße-Odenwald erschließen die geologischen Sehenswürdigkeiten und beschreiben sie auf zahlreichen Informationstafeln auch am Neckarsteig.

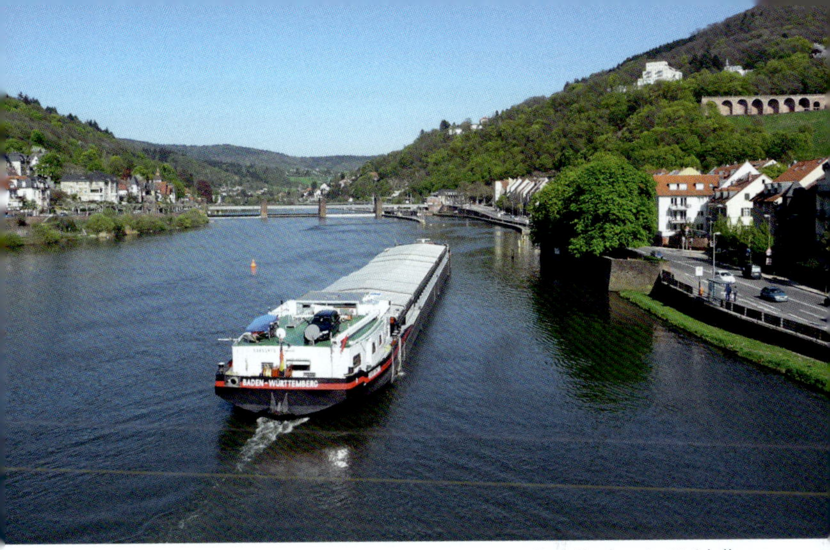

Der Neckar in Heidelberg

Der Neckar

Der Neckar hat seinen Ursprung im Schwenninger Moos in einer Höhe von 705 m und mündet nach 362 km in einer Höhe von 90 m bei Mannheim in den Rhein. Der Neckar ist in seiner heutigen Form ein Kind des Oberrheingrabens, der mit seinem Absinken zu einem natürlichen Vorfluter wurde. Der Fluss entwässert jetzt in den Graben und verlängert sich durch rückschreitende Erosion nach Osten und Süden. Er erreicht nun den Urneckar, der früher zur Donau floss, und lenkt ihn zum Rhein um.

In geologisch ruhigen Zeiten floss der Neckar in vielen Schleifen ruhig dahin. Immer wenn sich das Gebirge anhob, musste er sich aber einsägen. Durch die höhere Fließgeschwindigkeit und die größere Kraft des Wassers wurden die Flussschlingen durchstoßen. Es entstanden Inseln und Altwasser, schließlich im Zuge der Verlandung Umlaufberge. Und das über viele Millionen Jahre, während der Fluss sich immer tiefer eingrub. Jüngere Umlaufberge sind auf der Karte und in der Natur relativ leicht zu erkennen, z. B. südlich von Neckargemünd und bei der Wanderung um den Mittelberg (☞ 6. Etappe). Der Umlaufberg Ohrsberg liegt heute mitten in Eberbach. Die beeindruckende Neckarschleife Ersheim würde ohne menschliches Eingreifen dasselbe Schicksal treffen. Frühere Flussläufe haben auch die höheren Berge geformt. Besonders eindrucksvoll wird dies entlang des Eberbacher Pfads der Flussgeschichte dokumentiert und erläutert (☞ 5. Etappe des Neckarsteigs).

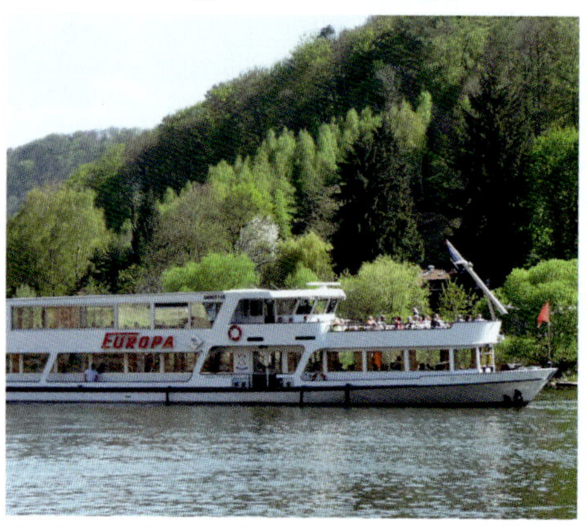

Ausflugsverkehr auf dem Neckar

Der Name Neckar soll keltischen Ursprungs sein und so viel wie „wildes Wasser“ bedeuten. Tatsächlich war der Flusslauf vor der Regulierung durch Stromschnellen und Untiefen gekennzeichnet und damit für Flöße und Schiffe ein schwieriges Gewässer. Einen besonderen Gefahrenpunkt bildeten in Heidelberg die Stromschnellen des Hackteufels (in Höhe der Uferstraße gleichen Namens), wo sich dem Neckar das feste kristalline Grundgebirge entgegenstellt. Hier scheiterten früher viele Schiffe und wurden in ihre Bestandteile zerlegt. Aufgrund der unzureichenden Straßenverhältnisse im Mittelalter hatte der Neckar dennoch eine Bedeutung als Wasserstraße, zunächst für die Flößerei, später auch für die Schifffahrt. Flussaufwärts fahrende Schiffe wurden von den Treidlern, mit größer werdenden Schiffen im 19. Jh. von Pferden gezogen (getreidelt). Ab 1878 wurde die Kettenschleppschifffahrt eingeführt. Dampfschlepper („Neckaresel“) zogen die Kähne an einer 115 km langen, im Fluss verlegten Kette bergauf. Nach dem Ersten Weltkrieg wurde der Neckar mit Staustufen, Schleusen und Wasserkraftwerken versehen. Im Jahre 1935 wurde Heilbronn, 1958 Stuttgart und 1968 Plochingen erreicht. Damit ist die Bundeswasserstraße Neckar heute 202 km lang.

Das Neckartal wird seit Menschengedenken immer wieder von Hochwasser heimgesucht. Für den Betrachter sind die Hochwassermarken, die u. a. an der Alten Brücke in Heidelberg, an der Elsenzmündung in Neckargemünd und direkt am Neckarsteig in Eberbach anzutreffen sind, unglaublich und erschreckend zugleich.

Klima, Flora und Fauna

Der Fluss beeinflusst das Klima im Tal. Der Neckar wirkt als Kaltluftsenke, indem die Kaltluft von den Höhen zu Tal fließt. Fehlen großräumige Luftströmungen, so bleibt die Kaltluft im Tal liegen. Es bilden sich Kaltluftseen mit Nebel, während gleichzeitig auf den Höhen die Sonne scheint. Dieses Phänomen der Temperaturumkehr, der Inversionswetterlage, tritt in der kälteren Jahreszeit auf.

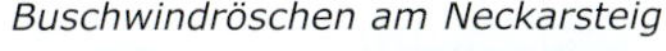

Buschwindröschen am Neckarsteig

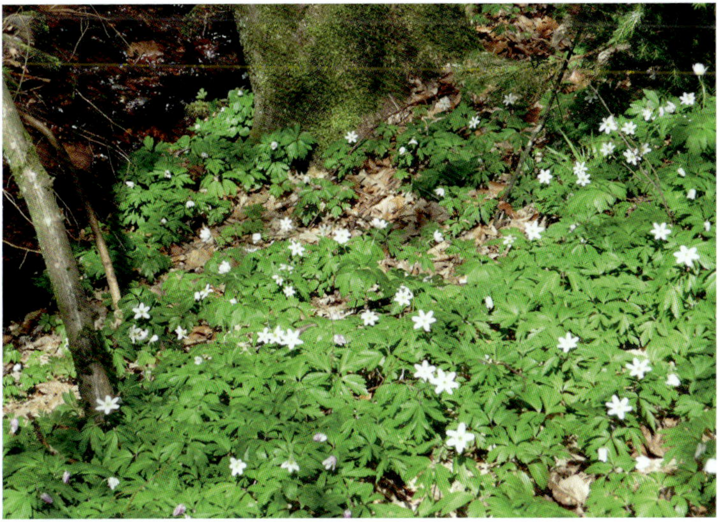

Durch seine Mäander sorgt der Neckar für unterschiedliches Kleinklima an seinen Süd- und Nordhängen mit sehr unterschiedlicher Sonneneinstrahlung sowie für die Bildung von steilen, felsigen Prallhängen und flachen Gleithängen, auf denen Grünlandwirtschaft und Ackerbau möglich sind. An den sonnigen Südhängen wird Weinbau betrieben. Das Neckartal hat Anteil an den Weinbaugebieten Baden und Württemberg. Erwähnenswert ist der Terrassenweinbau um Burg Hornberg und am Himmelreich bei Gundelsheim.

Viele Weinberge sind aufgelassen und der natürlichen Entwicklung (Sukzession) überlassen und in diesem Stadium sehr artenreich. Das ist ein Eldorado für wärmeliebende Eidechsen und Heuschrecken, wie z. B. die vom Aussterben bedrohte Ödlandschrecke. Die schattigen und zum Teil nebelfeuchten Nordhänge und tief eingeschnittenen Seitenschluchten (Klingen) werden von Moosen, Flechten und Farnen geprägt. Schließlich entscheiden die Böden darüber, welcher Bewuchs sich eignet – Nadelwälder auf Buntsandstein und Laubwälder auf Muschelkalkböden.

Geschichte

In Mauer, südlich von Neckargemünd, wurde 1907 der Unterkiefer des homo heidelbergensis gefunden, eines Vorfahren des ausgestorbenen Neandertalers. Während der Odenwald aufgrund seiner unfruchtbaren Buntsandsteinböden bis in die jüngste Zeit siedlungsfeindlich blieb, waren die guten Böden des südlich gelegenen Kraichgaus bereits in der Jungsteinzeit besiedelt. Wenige Hundert Jahre vor Christi Geburt siedelten hier die Kelten. Der Keltenring auf dem Heiligenberg bei Heidelberg ist noch heute gut zu erkennen. Im 1. Jh. n. Chr. verleibten sich die Römer das Gebiet ein und sicherten es durch den Obergermanisch-Raetischen Limes. In Heidelberg-Neuenheim wurde ebenso wie in Wimpfen im Tal gegenüber der Jagstmündung ein Kastell errichtet. Hier ist eine Neckarbrücke nachweisbar, die wesentlich dazu beitrug, dass sich eine städtische Siedlung entwickelte.

Im Jahr 260 n. Chr. überrannten die Alemannen den Limes. Sie wurden um das Jahr 500 vom Merowingerkönig Chlodwig I. besiegt. Das Gebiet des unteren Neckar wurde in das Frankenreich eingegliedert und christianisiert. Im Zuge der Christianisierung dehnten das Kloster Lorsch und die Bischöfe von Worms, Speyer und Mainz ihre Machtbereiche auch am unteren Neckar aus.

Die Könige und Kaiser des Mittelalters regierten ihr Reich „aus dem Sattel". Es gab keine Hauptstadt, sondern über das Reich verstreute Pfalzen, befestigte Königshöfe, die die Könige bereisten und die von Pfalzgrafen verwaltet wurden. Die vom 11. bis zum 13. Jh. regierenden Salier- und Stauferkönige und -kaiser hatten ihre Hausmacht im Südwesten. Daraus erklärt sich die Bedeutung der Kaiserpfalz Wimpfen. Den Pfalzgrafen bei Rhein kam eine besondere Stellung zu. Konrad von Staufen, ein

Halbbruder Barbarossas, erhielt 1156 das Pfalzgrafenamt und versuchte, das Territorium zu erweitern und abzurunden. Dies gelang erfolgreicher erst den ab 1214 regierenden Wittelsbachern, insbesondere durch von Kaiser Karl IV. verliehene Reichspfandschaften. Ihren Herrschaftsbereich konnten sie über Mosbach hinaus neckaraufwärts ausdehnen. 1356 erhielten die pfälzischen Wittelsbacher die alleinige Kurwürde (Kurpfalz).

Kurfürst Friedrich der Siegreiche (1449-1476) vergrößerte das Territorium durch Kriege erheblich. Die Art und Weise dieser „Landgewinnung" sollte sich im Landshuter Erbfolgekrieg oder Bayerisch-pfälzischen Erbfolgekrieg 1504/1505 jedoch rächen. Die Nachbarn, die noch eine Rechnung offen hatten, fielen in die Kurpfalz ein und verwüsteten sie. Gebiete, auch am mittleren Neckar, gingen verloren. Die danach gebotene finanzielle Konsolidierung der Pfalz wurde durch den Ausbruch des Bauernkrieges 1525 unterbrochen. Als letzte weltliche Herrschaft im Südwesten führte Ottheinrich erst 1556 die lutherische Reformation ein. Unter seinem Nachfolger Friedrich III. (1559-1576) wurde Heidelberg das deutsche Zentrum des Calvinismus. Der Heidelberger Katechismus wurde 1563 veröffentlicht.

Die „Staatsreligion" in der Kurpfalz änderte sich nun mit fast jedem Regenten und im Dreißigjährigen Krieg jeweils mit der Besatzungsmacht. Mit der ab 1685 regierenden katholischen Linie Pfalz-Neuburg entstanden die für die Pfalz typischen Simultankirchen. Der Neckarsteig-Wanderer trifft auch heute noch auf Kirchen, in denen eine Mauer das protestantische Kirchenschiff von dem katholischen Altarraum trennt.

Die Kurfürsten bemühten sich, eine maßgebliche politische Rolle in der protestantischen Bewegung zu spielen. Als die Böhmen 1618 den Aufstand gegen die habsburgische Herrschaft versuchten (Prager Fenstersturz), boten sie dem Rheingrafen die Wenzelskrone an. Ende 1619 wurde Friedrich V. zum böhmischen König gekrönt, verlor die Krone aber bereits ein Jahr später nach der für ihn vernichtenden Schlacht am Weißen Berg und ging somit als Winterkönig in die Geschichte ein. Der dreißig Jahre währende Krieg hatte begonnen.

Die Kurpfalz war nun bevorzugtes Ziel der bayerischen und kaiserlichen Armeen. Am 6. Mai 1622 besiegte Tilly die protestantischen Truppen unter dem Markgrafen von Baden in der Schlacht bei Wimpfen. Heidelberg und die Festung Dilsberg fielen noch im selben Jahr. Die Bibliotheca Palatina wurde aus der Heiliggeistkirche in den Vatikan entführt. Die Kurpfalz blieb bis zur Gegenoffensive Gustav Adolfs von Schweden im Jahre 1630 von bayerischen und spanischen Truppen besetzt. Nach dem Kriegseintritt Frankreichs wurde die Kurpfalz erneut Hauptkriegsschauplatz. Nach dreißig Jahren Krieg und mehreren Pestwellen zählte die Kurpfalz zu den am stärksten verwüsteten und entvölkerten Gebieten des Reichs und dürfte wohl etwa drei Viertel seiner Bevölkerung verloren haben.

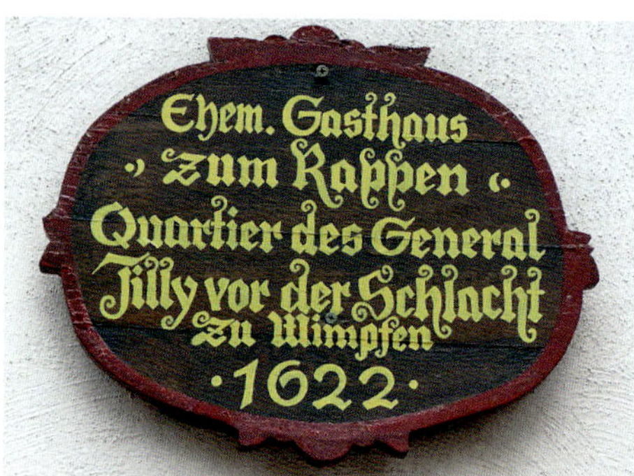

Gedenktafel zum Dreißigjährigen Krieg in Bad Wimpfen

Die Heirat Lieselottes von der Pfalz 1671 mit dem Herzog von Orléans, dem Bruder Ludwigs XIV., sollte die Beziehungen zu Frankreich verbessern. Das Gegenteil war der Fall. Ludwig XIV. wollte Frankreich im Osten bis an den Rhein ausdehnen und leitete aus der Heirat Erbansprüche auf die Kurpfalz ab. 1688 eröffnete er den Pfälzischen Erbfolgekrieg (1688-1697), nachdem bereits 1674 im Holländischen Krieg französische Truppen die Kurpfalz verwüstet hatten. 1689 wurden die Städte und Dörfer der Kurpfalz und weiterer Gebiete links und rechts des Rheins systematisch total zerstört. 1693 wurde Heidelberg endgültig abgebrannt und das Schloss gesprengt.

Hundert Jahre später marschierten französische Revolutionstruppen ein. Die linksrheinischen Gebiete werden 1793 Frankreich einverleibt. Napoleon versetzte dem maroden Heiligen Römischen Reich den Todesstoß. Die Reichsgebiete links des Rheins wurden an Frankreich abgetreten, rechtsrheinisch wurden Vasallenstaaten etabliert. Mit dem Reichsdeputationshauptschluss wurde die Kurpfalz aufgelöst. Das Kerngebiet am unteren Neckar wurde dem Kurfürstentum Baden zugeschlagen. Nach dem Wiener Kongress kamen die linksrheinischen Gebiete der Pfalz zu Bayern, der Neckar wurde Grenzgebiet zwischen Hessen-Darmstadt, Baden und Württemberg.

Im 19. Jh. wurde das untere Neckartal durch die Neckartalbahn, die Neckartalstraße und die Einführung der Dampfschifffahrt auf dem Neckar erschlossen und an die neuen Wirtschaftszentren Mannheim und Stuttgart angeschlossen, die sich im Zuge der industriellen Revolution fast explosionsartig entwickelten. Das konnte nicht ohne Eingriffe in Natur und mittelalterliche Stadtlandschaften vonstattengehen. Trotzdem blieb das Gebiet abseits der Hauptverkehrsströme und der Industrialisierung, was das Neckartal und den Odenwald im Verein mit der herrlichen Landschaft nach wie vor als Erholungsgebiet prädestiniert.

Historische Gebietsmarkierung in Neckarzimmern

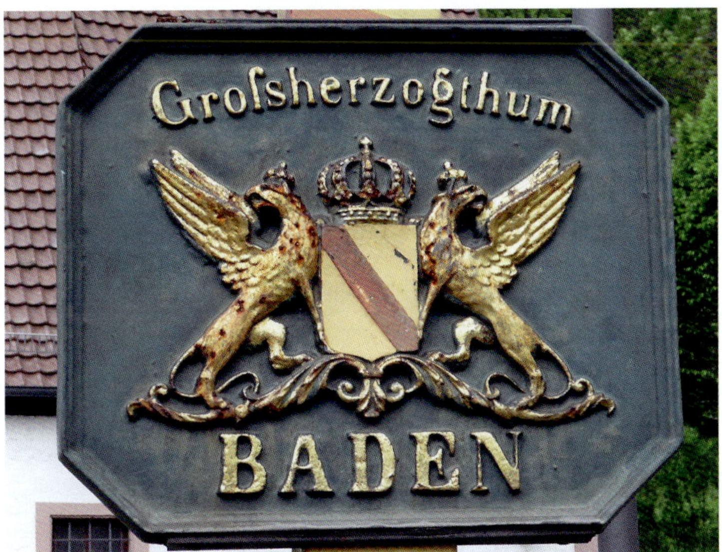

In den beiden Weltkriegen kam das untere Neckartal vergleichsweise glimpflich davon. Die bisherigen Bürger des Königreichs Württemberg und des Großherzogtums Baden fanden sich im Jahr 1952 gegen den Willen der Mehrheit der Badener nach einer Volksabstimmung im gemeinsamen Bundesland Baden-Württemberg wieder.

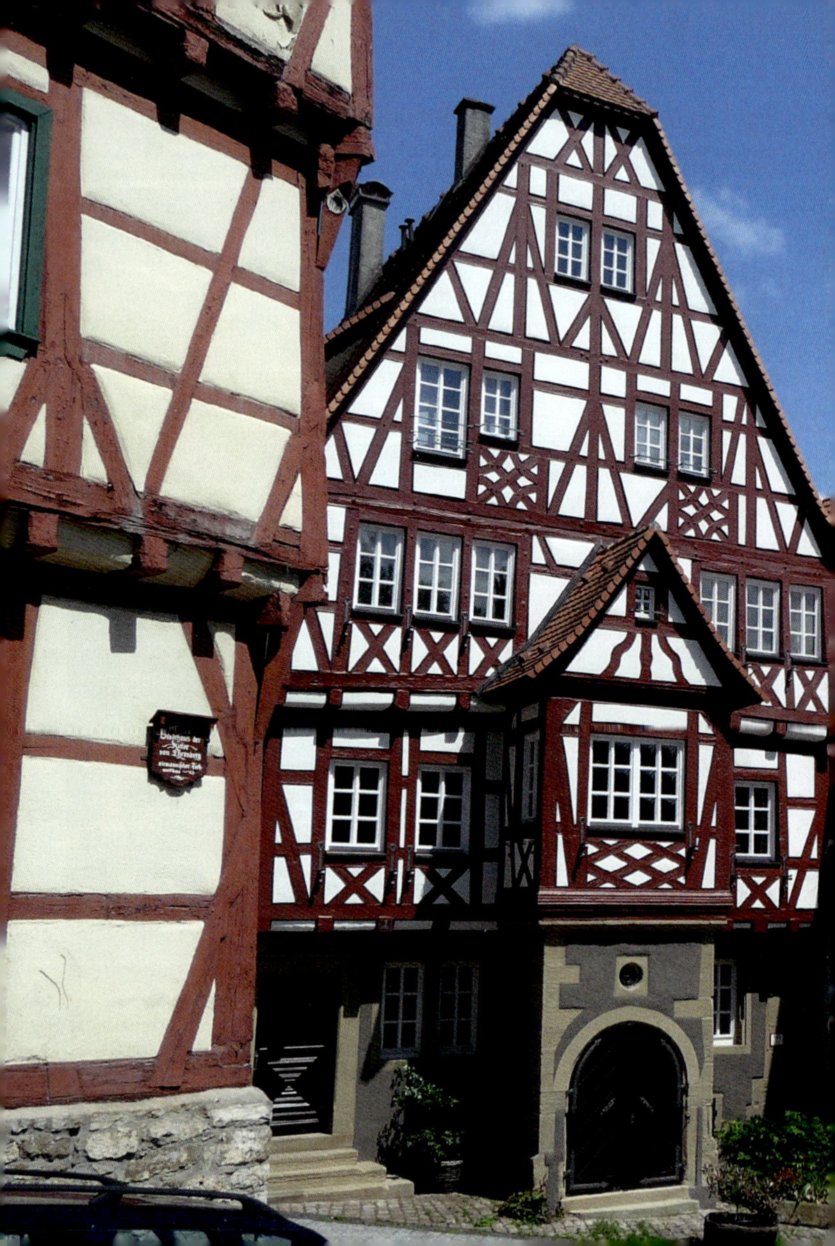

Reise-Infos von A bis Z

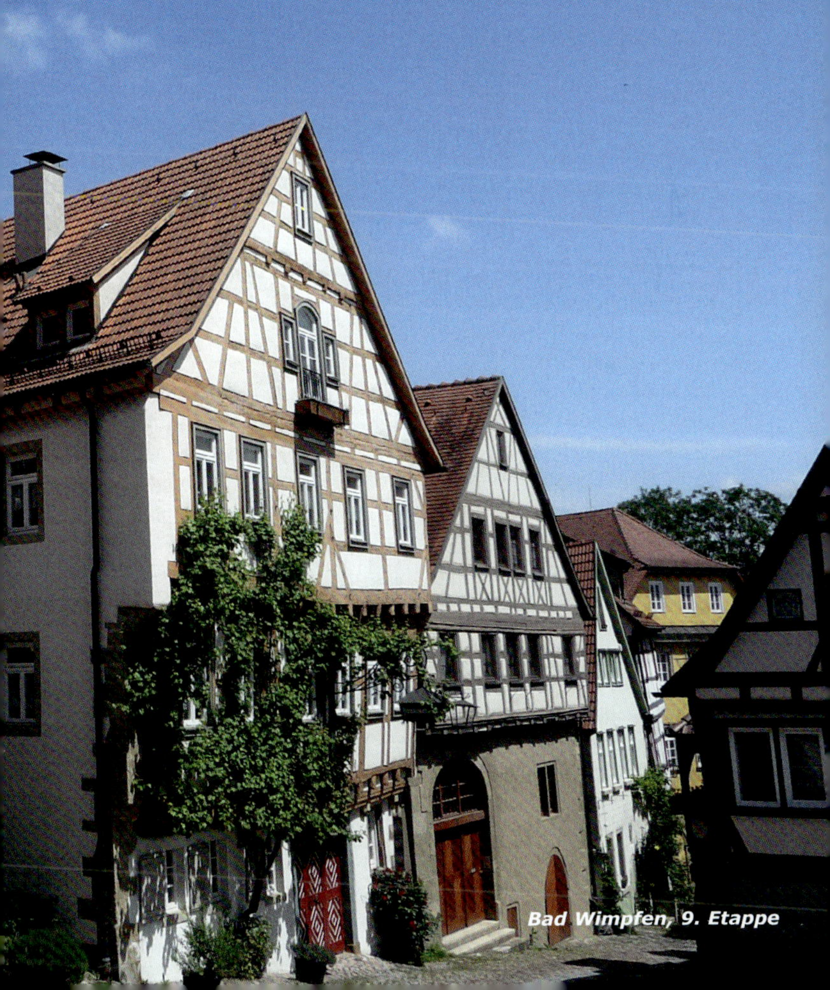
Bad Wimpfen, 9. Etappe

An- und Abreise, Verkehrsmittel am Weg

mit dem Auto

Das untere Neckartal zwischen Heidelberg (Startort) und Bad Wimpfen wird erreicht:

- ▷ aus Richtung Norden und Süden (Frankfurt und Karlsruhe) über die A5, AS 37 Kreuz Heidelberg, dann B37 Richtung Heidelberg/ Neckartal
- ▷ aus Richtung Nordost bis Südost (Würzburg/Nürnberg/Stuttgart) über das Autobahnkreuz Weinsberg, A6 Richtung Mannheim bis AS 37 Heilbronn/Neckarsulm, dann B27 Richtung Neckarsulm/Mosbach

P Parken in Heidelberg ist sehr schwierig oder teuer. Auch das spricht für die Anreise mit der Bahn.

mit der Bahn

Die An- und Abreise mit der Bahn im **Fernverkehr** gelingt am schnellsten über den ICE-Knoten Mannheim (MA). Von dort fahren Sie mit der S 1 oder S 2 Richtung Heidelberg/Mosbach (fährt im Halbstundentakt, Sa und So von/ab Heidelberg (HD) im Stundentakt).

Nahverkehrszüge:

- ▷ von **Karlsruhe** nach Heidelberg (Linie 665) mit der S 3 (fährt im Stundentakt, zu bestimmten Zeiten öfter)
- ▷ von **Frankfurt/Darmstadt** (Linie 650) mit der RB 60 von allen Haltepunkten an der Bergstraße nach Heidelberg (fährt im Stundentakt, Dauer: 1 Std. 33 Min.) oder mit dem IC von Frankfurt über Darmstadt (DA), Bensheim und Weinheim (fährt im Stundentakt, Dauer: 52 Min.)
- ▷ von **Darmstadt Hbf**. mit der RB 81 (Linie 641, fährt alle zwei Stunden) direkt, von (nach) **Hanau** mit Umsteigen in Wiebelsbach nach Eberbach; sehr ungünstige Verbindung von Frankfurt, aber zurück von Eberbach Direktverbindungen nach Frankfurt Hbf. (Dauer: 1 Std. 53 Min.) und DA-Lichtwiese, -Ost, -Nord (nicht DA-Hbf.!)

- ▷ von **Würzburg** (Linie 780) mit dem RE (fährt alle zwei Stunden) oder mit der RB 85 und Umsteigen in Lauda nach Osterburken, dort Anschluss an die S 1 nach Mosbach und Heidelberg
- ▷ von **Stuttgart/Heilbronn** (Linien 780, 705 665.5) mit dem RE 1 stündlich abwechselnd durch das Neckartal oder über Sinsheim nach Heidelberg/Mannheim oder mit der RB 85 im Stundentakt von Ulm, Stuttgart, Heilbronn bis (Mosbach-)Neckarelz, dort Anschluss an die S 1 Richtung Heidelberg

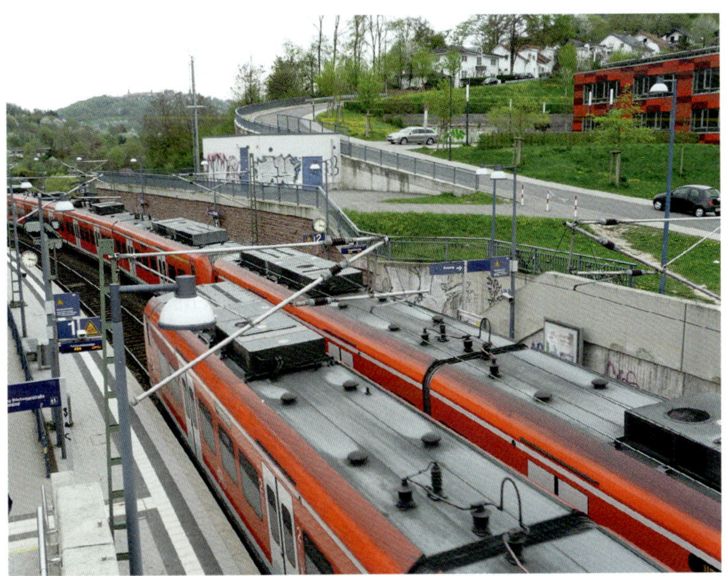

Bequeme Anreise mit der S-Bahn

Reisen im Neckartal

Die Bundesstraßen B27 und B37 durchziehen das Neckartal und verbinden alle Etappenorte des Neckarsteigs mit Ausnahme von Neunkirchen, das nicht im Neckartal liegt. Es empfiehlt sich jedoch, die **Bahn** zu nutzen, denn dann muss das Auto auf der Etappenwanderung nicht zeitaufwendig nachgeführt werden. Die Anbindung aller Etappenorte außer Neunkirchen an die Bahn, überwiegend sogar an die S-Bahn Rhein-Neckar, ermöglicht es, die Etappenwanderung über den Neckarsteig von einem Standquartier aus und damit mit einem Tagesrucksack durchzuführen. Es bedarf dann auch keines Gepäcktransports.

Die nachfolgend angegebenen Abfahrts- und Ankunftszeiten werden wegen der Vernetzung der Nahverkehrslinien im Taktverkehr über die Jahre vermutlich ziemlich gleich bleiben und allenfalls im Minutenbereich variieren. Die Angaben beziehen sich auf den Tagesverkehr. Sehr früh morgens und am späten Abend gelten oft andere Zeiten! Vor der Wanderung sollten Sie sich immer über die aktuellen Zeiten informieren.

Die Linie S 1 (Homburg – Kaiserslautern – Mannheim – Heidelberg – Osterburken) bedient das Neckartal bis Mosbach täglich im Stundentakt. Abfahrtszeiten **neckaraufwärts** zu den Minuten: MA '39, HD '55, Eberbach '29. In Neckarelz können Sie in die RB 85 nach Gundelsheim, Bad Friedrichshall, Heilbronn und Stuttgart mit Weiterführung bis Ulm umsteigen (Neckarelz an '48, ab '54). Die Linie S 2 fährt als Verstärkerlinie nur zu bestimmten Zeiten (Pendlerverkehr) und maximal bis Mosbach und verlässt MA zur Minute '07 und HD zur Minute '25. Zusätzlich besteht täglich die 2-stündliche RE-1-Verbindung Mannheim – Heidelberg – Heilbronn (– Stuttgart), die unterwegs nur Eberbach, (Mosbach-)Neckarelz und Bad Friedrichshall-Jagstfeld/Hbf. bedient (MA ab zur ungeraden Stunde zur Minute '36, HD '49, Eberbach ab zur geraden Stunde zur Minute '14, Neckarelz zur Minute '28).

Neckarabwärts fährt die S 1 ab Mosbach '10, Eberbach '29, HD '03. Die RB 85 stellt von (Ulm) Stuttgart ab '45 und Heilbronn ab '33 täglich und stündlich in Neckarelz eine Umsteigeverbindung zur S 1 her (Neckarelz an '05, ab '10). Die Linie S 2 verkehrt seltener (Mosbach '40 und Eberbach '29); ab Heidelberg ('34) allerdings täglich nach Mannheim. Der RE 1 fährt neckarabwärts jeweils zur ungeraden Stunde in (Mosbach-)-Neckarelz ('29) und Eberbach ('43), in Heidelberg zur geraden Stunde ('10) ab.

Der Bahnhof Bad Wimpfen liegt nicht an der Neckartalbahn, sondern an der Strecke Heilbronn – Sinsheim – Heidelberg mit stündlicher Verbindung (RE 77).

Der Etappenort Neunkirchen ist als einziger nicht mit der Bahn erreichbar. Hinweise zu Busverbindungen finden Sie im Text zu Neunkirchen, ☞ S. 85.

Auskünfte zum öffentlichen Personenverkehr

- **Deutsche Bahn AG**, www.bahn.de, Service-Nummer: 01 80/599 66 33, automatische Fahrplanauskunft: 08 00/150 70 90
- **Verkehrsverbund Rhein-Neckar** (VRN), www.vrn.de, Service- und Fahrplanauskunft: 06 21/107 70 77 (zum Ortstarif aus dem deutschen Festnetz)
- **Heilbronner-Hohenloher-Haller Nahverkeh**r (HNV), www.h3nv.de, Fahrplanauskunft: 018 05/77 99 66

Fahrkarten und Preise im Nahverkehr

Beinahe das gesamte Wandergebiet des Neckarsteigs fällt in den Bereich des Verkehrsverbundes Rhein-Neckar (VRN). Für Kleingruppen bis zu fünf Personen kann sich die Tageskarte des VRN rechnen. Sie gilt in der höchsten Preisstufe für Bahnen und Busse des Nahverkehrs auch in den Übergangsbereichen zu benachbarten Verkehrsverbünden, so auch für Gundelsheim, Bad Friedrichshall-Jagstfeld/Hbf., Bad Wimpfen und Bad Rappenau und damit für die gesamte Strecke des Neckarsteigs. Die Tageskarte gilt für beliebig viele Fahrten in der 2. Klasse ab Entwertung den ganzen Tag lang bis um 3:00, an Wochenenden bis um 6:00 des Folgetages. (Aktuelle Informationen zu Preisen und Nutzungsbedingungen siehe www.vrn.de)

Bei Anreise von außerhalb des VRN-Gebietes mit Nahverkehrsmitteln empfiehlt sich für Gruppen bis fünf Personen das Baden-Württemberg-Ticket. Es gilt montags bis freitags von 9:00 bis 3:00 des Folgetages bzw. an Wochenenden und gesetzlichen Feiertagen bereits ab 0:00 in allen Nahverkehrsmitteln. Eigene Kinder/Enkel bis 15 Jahre fahren frei.

Bei Anreise aus dem gesamten Bundesgebiet bietet die Deutsche Bahn AG im Nahverkehr das Quer-durchs-Land-Ticket von 9:00 bis 3:00 des Folgetages, samstags, sonntags und feiertags bereits ab 0:00. Sofern das Deutschland-Ticket weiterhin gültig ist, bietet es die bequemste Lösung im Nahverkehr.

- www.bahn.de/Tickets&Angebote

Neckarschifffahrt

Mehr Augenschmaus als die Fahrt mit der Bahn bietet eine Schifffahrt auf dem Neckar zum Etappenstart oder zurück zum Startort.

Die Weiße Flotte Heidelberg verfügt über Fahrgastschiffe für Linienverkehr und Ausflugsfahrten. Hauptsaison für den Linienverkehr auf dem Neckar ist von Anfang Juni bis Mitte September. Dann gibt es bis zu sechs Verbindungen zwischen Heidelberg und Neckarsteinach, jeweils eine sonntags bis Hirschhorn und eine donnerstags bis Eberbach. In der Nebensaison ab Anfang April/Ostern bis Anfang Juni und von Mitte September bis Mitte Oktober gibt es zwischen Heidelberg und Neckarsteinach werktags zwei und an Wochenenden vier Verbindungen. Im Winterhalbjahr findet kein Linienverkehr statt.

♦ ☎ 062 21/201 81, 💻 www.weisse-flotte-heidelberg.de

Auf dem Flussabschnitt oberhalb von Neckarzimmern verkehren von Anfang April bis etwa Ende Oktober Schiffe unter der Marke Neckar-Käpt'n.

♦ ☎ 07 11/54 99 70 60, 💻 www.neckar-kaeptn.de

Ausrüstung und Kleidung

Damit die Wanderung nicht zur Qual wird, müssen die **Wanderschuhe** eingelaufen sein und dürfen weder drücken noch scheuern. Kaufen Sie Wanderschuhe nur am Nachmittag, wenn Ihre Füße bereits etwas geschwollen sind.

Der **Rucksack** muss auf die Körpergröße eingestellt sein. Ein Drittel des Gewichts trägt die Schulter, zwei Drittel tragen die Hüften mittels eines großen, gepolsterten Hüftgurtes. Da Rucksäcke meistens nicht völlig wasserdicht sind, verfügen gute Produkte über integrierte Rucksacküberzüge. Um die Ausrüstung zusätzlich vor Nässe zu schützen und um besser Ordnung halten zu können, empfiehlt es sich, den Rucksackinhalt sortiert nach Funktionen in Plastiktüten zu verpacken. Schwere Gepäckstücke kommen an den Rücken und nach oben, leichte nach außen und nach unten.

Die **Wanderkleidung** besteht aus leichtem und kein Wasser aufnehmendem Funktionsmaterial. Lange Hosen mit Beintaschen schützen gegen Brennnesseln und Brombeerdornen. Sonnenhut/Mütze, Sonnenbrille und Sonnencreme nicht vergessen! Eine leichte Wind- oder Regenjacke gehört auch an heißen Hochsommertagen in den Rucksack, um insbesondere bei Wind den schweißnassen Körper während der Pausen vor Auskühlung zu bewahren. Der vor dem Start zur Wanderung eingeholte Wetterbericht gibt Hinweise auf die passende Kleidung. Bei Mehrtageswanderungen ist grundsätzlich mit Wetteränderungen zu rechnen.

Ausrüstungscheckliste

- ☐ Rucksack für Mehrtages- oder Tageswanderung
- ☐ Wanderkleidung (und Ersatzkleidung bei Mehrtageswanderung) je nach Wetter
- ☐ Kleidung für abends und nachts
- ☐ Kulturbeutel, persönliche Apotheke, Erste-Hilfe-Set
- ☐ Personalausweis, ggf. Führerschein und Kfz-Schein, JH-Ausweis, Geld, EC-Karte
- ☐ dieser Wanderführer, Wanderkarte, Kugelschreiber, Papier, Notizheft
- ☐ Mobiltelefon, Fotoapparat, Speicherkarte/Filme, Ersatzakku, Ladegeräte
- ☐ Brille, Ersatzbrille, Sonnenbrille, Sonnencreme, Lippenpflegestift mit Sonnenschutzfaktor
- ☐ Taschenmesser, Nähzeug, Sicherheitsnadeln, Bindfaden, Wäscheklammern, Stirn-/Taschenlampe, Abfalltüten
- ☐ gefüllte Trinkflasche oder Trinksystem, im Winter alternativ eine Thermosflasche mit heißem Tee
- ☐ Notproviant (Müsliriegel, Trockenobst, Studentenfutter)

📖 **Ausrüstung I – von Kopf bis Fuß** von Markus Gründel und Johann Schinabeck, Conrad Stein Verlag, ISBN 978-3-86686-417-7, € 10,90

Einkehren

Einkehrmöglichkeiten unterwegs auf der Wanderung sind spärlich und auf einigen Etappen gar nicht vorhanden. Genauere Informationen erhalten Sie in den einzelnen Etappenbeschreibungen. In den einzelnen Etappenorten finden Sie einladende Restaurants, Gaststuben und Cafés, ergänzt um Außengastronomie wie Biergärten, oftmals mit Blick auf den Fluss.

Wenn Sie einkehren möchten, sollten Sie vorher anrufen, denn aus den verschiedensten Gründen können sich die Öffnungszeiten kurzfristig ändern.

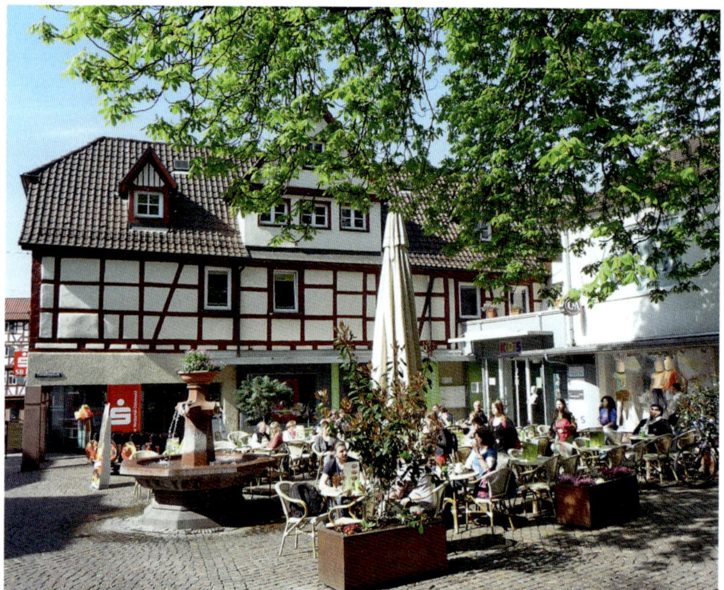

Einkehr in Mosbach

Geld und Einkaufen

Alle Etappenorte verfügen über Einzelhandels- und Dienstleistungsbetriebe, die mindestens den täglichen Bedarf decken. Da im Neckartal noch das Bargeld regiert, sind Geldautomaten wichtig und in allen Start- und Zielorten vorhanden. Auch die Übernachtung muss überwiegend bar bezahlt werden. Bezahlen mit EC-Karte ist nicht überall möglich und Kreditkarten werden in der Regel nicht akzeptiert (eine Ausnahme sind große, teure Hotels). Die Geschäfte sind überwiegend zwischen 9:00 und 18:00 geöffnet und legen teilweise eine Mittagspause ein.

Gefahren beim Wandern

Das Ob und Wie einer Wanderung, also ihre Planung, hängt auch von äußeren Umständen, insbesondere dem Wetter ab.

▷ Bei starker **Gewitterneigung** sollte ggf. auf die Wanderung verzichtet werden oder sie sollte verkürzt werden. Da Wärmegewitter frühestens ab Mittag auftreten, sollte die Wanderung früh begonnen und dementsprechend früh beendet werden.

▷ Während und nach **Stürmen** herrscht im Wald durch umstürzende Bäume und herabfallende Äste Lebensgefahr. Der Wald ist dann unbedingt zu meiden!

▷ Bei **Eisglätte** und angekündigtem **Eisregen** sollte eine Wanderung nicht stattfinden. Glatt getretener Schnee birgt Sturzgefahr! Gegenmaßnahmen: neben dem Weg gehen, Teleskopstöcke mit Stahlspitze einsetzen, Schneeketten unter die Schuhe binden.

▷ Im Winter besteht in begrenzten Höhenlagen **Schneebruchgefahr**, wenn es erst stark geschneit, dann getaut und anschließend gefroren hat. Schneebruchgefahr herrscht besonders in Nadelwaldgebieten und wird durch Wind verstärkt. Lebensgefahr! Diese Gebiete sind zu meiden!

▷ Insbesondere im Winterhalbjahr besteht die Gefahr, bei unzureichender Planung oder durch unerwartete Ereignisse (z. B. Verlaufen) von der **Dunkelheit** überrascht zu werden. Fehlt der Mondschein, so hilft Ihnen nur eine Stirn-/Taschenlampe, um aus dem Wald herauszufinden.

▷ Wegsperrungen aufgrund von **Forstarbeiten** können zeitraubende Umwege erfordern. Versuchen Sie unter 💻 www.neckarsteig.de aktuelle Informationen über Sperrungen und Umleitungen einzuholen.

GPS

Die GPS-Tracks zu den beschriebenen Wegen können Sie auf der Internetseite des Verlags (💻 www.conrad-stein-verlag.de) herunterladen.

📖 **GPS: Grundlagen • Tourenplanung • Navigation** von Michael Hennemann, Conrad Stein Verlag, ISBN 978-3-86686-769-7, € 12,90, informatives und übersichtlich geschriebenes Buch von Michael Hennemann. Das Buch eignet sich sowohl für Anwenderinnen und Anwender von Smartphones und GPS-Navigationsgeräten als auch für Einsteigerinnen und Einsteiger.

Höhenangaben

Im Falle der Abweichung werden anstatt der GPS-Angaben die genaueren Höhenangaben der amtlichen Karten genannt und zugrunde gelegt.

Informationen zum Neckarsteig

Zentrale Informationsstelle für den Neckarsteig ist die Touristikgemeinschaft Odenwald e. V. Seit Anfang 2013 gibt es dort das Neckarsteig-Büro.

- ♦ Touristikgemeinschaft Odenwald e. V., Neckarelser Str. 7, 74821 Mosbach, ☎ 062 61/84 13 90, 🖳 www.tg-odenwald.de, ✉ info@tg-odenwald.de
- ♦ Neckarsteig Büro, Neckarelser Str. 7, 74821 Mosbach, ☎ 062 61/84 13 86, 🖳 www.neckarsteig.de, ✉ info@neckarsteig.de

Die örtlichen touristischen Informationsstellen werden bei den Etappenorten genannt.

Karten

Die von der Touristikgemeinschaft Odenwald e. V./Neckarsteig Büro herausgegebene Neckarsteig-Karte im Maßstab 1:50.000 auf Papier reicht aufgrund der guten Markierung des Neckarsteigs aus, um sich nicht zu verlaufen. Einige Angaben zum Weg, zu Sehenswürdigkeiten sowie zum Hotel- und Gastgewerbe ergänzen die Karte.

Interaktive Karten für die Gesamtstrecke und für die einzelnen Etappen können unter 🖳 www.neckarsteig.de/de/service/karten-und-downloads heruntergeladen werden.

Wer es genauer haben will oder auch andere Wanderwege begehen möchte, kann auf die Wander- und Radwanderkarten des Verlags Meki Landkarten GmbH im Maßstab 1:20.000 zurückgreifen. Die Kartenblätter 12 (Heidelberg-Neckartal-Odenwald, 3. Auflage 2023), 13 (Neckartal-Odenwald, 2. Auflage 2020) und 21 (Neckartal-Stauferland, 1. Auflage 2018) decken das Gebiet ab.

☺ Die Kartenempfehlungen wurden von der Geobuchhandlung Kiel überprüft. ☎ 04 31/942 49

Körperliche Voraussetzungen

Der Neckarsteig stellt an den Wanderer keine besonderen technischen Anforderungen. Die Wege sind überall sicher und leicht zu begehen. Allein die Margarethenschlucht erfordert etwas Körperbeherrschung.

Sie sollten aber eine gute Kondition mitbringen, da Sie bei jeder Etappe (mit Ausnahme der 6.) aus dem Neckartal auf die Höhen aufsteigen müssen.

Zum Königstuhl sind es fast 450 Höhenmeter und auf der Himmelsleiter ca. 1.200 Stufen ohne Unterbrechung.

Literatur

- Jan Bürger, **Der Neckar: Eine literarische Reise**, C.H. Beck Paperback, 2024, ISBN 978-3-406-81217-0
- Jörg Bischoff, Norbert Kustos: **Der Neckar von der Quelle bis zur Mündung** (Bildband), Ellert und Richter Verlag, Hamburg 2001, ISBN 3-89234-989-4
- Manfred Giebenhain: **Kleines ABC des Odenwaldes**, Husum-Verlag, 2012, ISBN 978-3-89876602-9
- Armin Kohnle: **Kleine Geschichte der Kurpfalz**, G. Braun Buchverlag, Karlsruhe, 4. Auflage 2011, ISBN 978-3-7650-8329-7
- Peter W. Sattler und Marion Sattler: **Burgen und Schlösser im Odenwald**, Weinheim 2004, ISBN 978-393646824-3
- Andrea Wehr (Hrsg.): **Neckar-Lesebuch: Geschichten und Geschichte den Neckar entlang**, Silberburg-Verlag, Tübingen und Stuttgart 1994, ISBN 3-87407-198-7
- Mark Twain: **Bummel durch Deutschland**. Mit 20 Bildern von Hans Traxler. Piper-Taschenbuch, München 2012, ISBN 978-349224767-2

Markierung

Der Neckarsteig ist mit einem den Biegungen des Flusses nachempfundenen blauen N markiert. Die Markierung ist leicht mit dem schwarzen N des Neckarweges zu verwechseln!

Die Wegweiser des Neckarsteigs benennen den Standort und weisen die Koordinaten des UTM-Gitters aus. Außerdem werden die Entfernungen zu den nächsten (Zwischen-)Zielen und die für den Wanderer wichtigste Infrastruktur angegeben.

Medizinische Versorgung

Auf allen Etappen des Neckarsteigs gibt es Arzt- und Zahnarztpraxen sowie Apotheken. Für schwere Fälle steht sogar die Universitätsklinik Heidelberg bereit.

Naturparke

Als Neckarsteig-Wanderer bewegen Sie sich in zwei Naturparke:

- ▷ Naturpark Neckartal-Odenwald e.V., Kellereistr. 36, 69412 Eberbach, ☎ 062 71/729 85, 💻 www.naturpark-neckartal-odenwald.de, ✉ info@naturpark-neckartal-odenwald.de
- ▷ Geo-Naturpark Bergstraße-Odenwald e.V., Nibelungenstr. 41, 64653 Lorsch, ☎ 062 51/707 99-0, 💻 www.geo-naturpark.de, ✉ info@geo-naturpark.de

Am Neckarsteig liegen das Eingangstor Neckarsteinach und das Infozentrum Mosbach (jeweils in der Tourist-Information des Ortes). Eine kleine Geo-Naturpark-Informationsstelle befindet sich auf der 7. Etappe in Schreckhof. Das Thalheim'sche Haus in Eberbach beherbergt das Naturparkzentrum Neckartal-Odenwald.

Diese Einrichtungen erläutern bestimmte Themen rund um die Naturparke und halten Informationsmaterial bereit. Auch am Neckarsteig wurden Naturlehrpfade, Geopfade und Geopunkte zu einzelnen Sehenswürdigkeiten geschaffen und mit lehrreichen Informationstafeln ausgestattet. Ihr Studium wird die auf der Wanderung gewonnenen Eindrücke vertiefen. Planen Sie dafür etwas Zeit ein!

Notruf

Die Notrufnummer lautet wie überall in Deutschland ☎ 112. Damit man Sie findet, sollten Sie jederzeit möglichst genau wissen, wo Sie sich befinden. Im Wald und in engen Schluchten bekommen Sie möglicherweise keine Verbindung. Suchen Sie – wenn möglich – einen exponierten Punkt auf, um Hilfe rufen zu können.

Planung der Wanderung

Bei der Planung der Wanderung bzw. der einzelnen Etappen sollten Sie folgende Fragen stets im Hinterkopf haben:

- ▷ Wie wird sich das Wetter entwickeln? Kann die Wanderung stattfinden? Wie stelle ich mich insbesondere hinsichtlich der Kleidung darauf ein?
- ▷ Wie lang ist die Etappe? Wie viele Höhenmeter sind zu bewältigen? Bin ich der Wanderung gewachsen?
- ▷ Erreiche ich das Ziel rechtzeitig? (reine Gehzeit + Pausen + Zeitreserve für Unvorhergesehenes)
- ▷ Wie viel Zeit kann ich mir für Besichtigungen und Pausen lassen?
- ▷ Wie viel Wasser muss ich mitnehmen? (Im Hochsommer 2 l, sonst mindestens 1 l.) Wo gibt es Brunnen am Weg?
- ▷ Gibt es Einkehrmöglichkeiten (vorher anrufen, ob wirklich geöffnet ist!) und besonders schöne Rastmöglichkeiten? Habe ich ausreichend Notproviant eingepackt?
- ▷ Sind Übernachtung bzw. Rückfahrt geregelt?
- ▷ Wo kann ich die Wanderung im Notfall abbrechen?

Schlechtwetteralternativen

Sollten Sie eine Wanderung über mehrere Tage auf dem Neckarsteig durchführen und das Wetter einmal nicht zum Wandern einladen, so geben die Informationsblöcke zu den Etappen und Etappenorten Anregungen, wie die Zeit alternativ sinnvoll gestaltet werden kann. Hier finden Sie weitere überörtlich bedeutsame Angebote:

▷ **RappSoDie**, das Bad Rappenauer Sole- und Saunaparadies mit Sole-Mineralbad, Saunalandschaft, Wellness, Kosmetik, Gastronomie

♦ Salinenstr. 37, 74906 Bad Rappenau, ☏ 072 64/206 93 30, 💻 www.rappsodie.info, Solehallenbad: Mo bis Sa 8:00-21:00, So und Fei bis 20:00, Sauna: Mo bis Do 9:00-23:00, Fr und Sa bis 24:00, So und Fei bis 20:00

▷ **Auto & Technik Museum Sinsheim und IMAX 3D-Filmtheater**: Erlebniswelt mit 3.000 Ausstellungsstücken auf 30.000 m² (Oldtimer, Sportwagen, Motorräder, Lokomotiven, Flugzeuge bis hin zur Concorde), IMAX-3D-Rundumkino, Restaurants, großer Kinderspielplatz

♦ Museumsplatz, 74889 Sinsheim, ☏ 072 61/92 99-0, 💻 www.museum-sinsheim.de, 🚪 Mo bis Fr 9:00-18:00, Sa, So und Fei 9:00-19:00

▷ **Audi-Forum Neckarsulm**: Über 100 Jahre Automobil-Geschichte können hier entdeckt werden.

♦ NSU-Straße 1, 74172 Neckarsulm, ☏ 08 00/283 44 68, 💻 www.audi.de, ✉ welcome@audi.de, 🚪 Mo bis Fr 8:00-18:00, Sa 8:00-17:00, Werksführungen Mo bis Fr 9:00, 13:45 und 15:45

▷ **Deutsches Zweirad-Museum/NSU-Museum Neckarsulm**: 400 Exponate auf zwei Rädern (Entwicklung des Fahrrads, Geschichte der Firma NSU bis zum RO 80)

Das Heidelberger Schloss ist auf jeden Fall einen Besuch wert

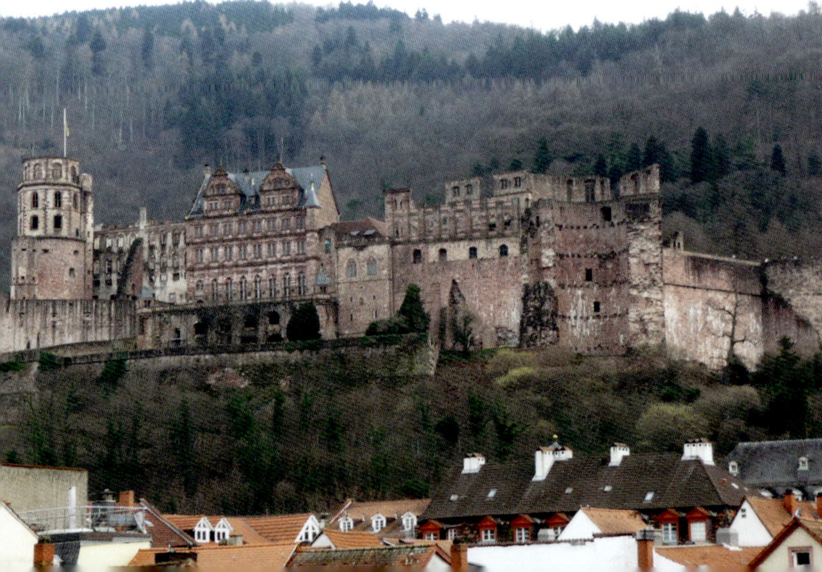

♦ Urbanstr. 11, 74172 Neckarsulm, ☏ 071 32/352 71, 💻 www.zweirad-museum.de, ✉ info@zweirad-museum.de, 🚪 Di, Mi, Fr bis So 9:00-17:00, Do bis 19:00

▷ **Salzbergwerk Bad Friedrichshall**: Besucherbergwerk (im Förderkorb 180 m in die Tiefe, 40 m lange Rutsche, Schausprengungen, Lichtinstallationen, Lasershow, Bergschänke)

♦ Bergrat-Bilfinger-Str. 1, 74177 Bad Friedrichshall, ☏ 071 31/959-33 03, 💻 www.salzwelt.de, ✉ info@salzwelt.de, 🚪 1. Mai bis 3. Okt Sa, So und Fei 9:30-16:00, von Pfingsten bis Sommerferienbeginn in Baden-Württemberg zusätzlich Fr 9:30-16:00

▷ **Tropfsteinhöhle Eberstadt**: 600 m lange Schauhöhle im Muschelkalk

♦ bei Buchen, Infos beim Verkehrsamt Buchen, Platz am Bild, 74722 Buchen, ☏ 062 81/27 80, 💻 www.buchen.de, ✉ verkehrsamt-buchen@t-online.de, 🚪 (Höhle) Mai bis Aug täglich und März, April, Sep, Okt Di bis So 10:00-16:00, Nov bis Ende Feb Sa, So und Fei 13:00-16:00

Sonstige Freizeitaktivitäten

Das Neckartal bietet weit mehr als nur Wandermöglichkeiten und ist für einen Urlaub bestens geeignet. Als Freizeitaktivitäten sind besonders herauszuheben:

🚲 Radwandern auf dem Neckarradweg entlang des Flussufers und in den Seitentälern. Der Neckarsteig selbst ist als Wanderweg konzipiert. Radfahren auf dem Wanderweg stört das Wandern! Viele Abschnitte wären allenfalls von Mountainbike-Akrobaten zu meistern.

🛶 Kanu-Touren auf Neckar, Jagst und Kocher, 🚲 geführte Radtouren, Kombitouren, Wanderungen

♦ **100 % Kanu + Bike**, Tuchbleiche 1, 74239 Hardthausen, ☏ 071 39/93 49 00, 💻 www.kanu-bike.de, ✉ info@kanu-bike.de

FUN Ballonfahrten über Neckar und Odenwald

♦ **Club Montgolfier**, Eichholzheimer Str. 48, 74743 Seckach, ☏ 062 92/910 07

Übernachten

Das Neckartal bietet ein breites Spektrum an Übernachtungsmöglichkeiten. In einigen kleineren Orten ist die Auswahl allerdings eingeschränkt. Zu den einzelnen Etappen werden **Hotels, Gasthöfe** und **Pensionen** – soweit möglich – mit Preisangaben aufgeführt. Denn immer mehr Hotels gehen zu Tagespreisen über, die entsprechend der jeweiligen Höhe der Nachfrage erheblich schwanken können. In der Regel gilt: je später gebucht wird, umso höher der Zimmerpreis. Gästehäuser mit sehr wenigen Betten, Privatzimmervermieter und Ferienwohnungen können aus Platzgründen leider nicht aufgeführt werden. Die örtlichen Tourist-Informationen geben gerne Auskunft oder vermitteln Unterkünfte.

Ein umfassendes Angebot an Wanderpauschalen finden Sie unter www.neckarsteig.de.

Die Wanderungen auf dem Neckarsteig können dank der sehr guten Verbindung durch die Neckartalbahn von einem **Standquartier** aus erfolgen. Wer die An- und Abfahrtswege verkürzen möchte, kann ein zweites Standquartier wählen, denn die Fahrtzeiten von Mosbach nach Heidelberg sowie von Eberbach nach Bad Wimpfen betragen immerhin ca. 1 Std.

Jugendherbergen gibt es in Heidelberg, Dilsberg und Mosbach.

Im unteren Neckartal sind Campingplätze in ausreichender Dichte vorhanden, sodass der Neckarsteig auch mit dem Zelt erwandert werden kann.

Updates

Der Conrad Stein Verlag veröffentlicht Updates zu diesem Buch, die direkt vom Autor oder von Lesern dieses Buches stammen. Bitte suchen Sie vor Ihrer Abreise diesen Titel auf der Verlags-Homepage www.conrad-stein-verlag.de. Unter dem Link „Updates“ finden Sie alle wichtigen Informationen. Der links abgebildete QR-Code führt Sie direkt zu der richtigen Seite.

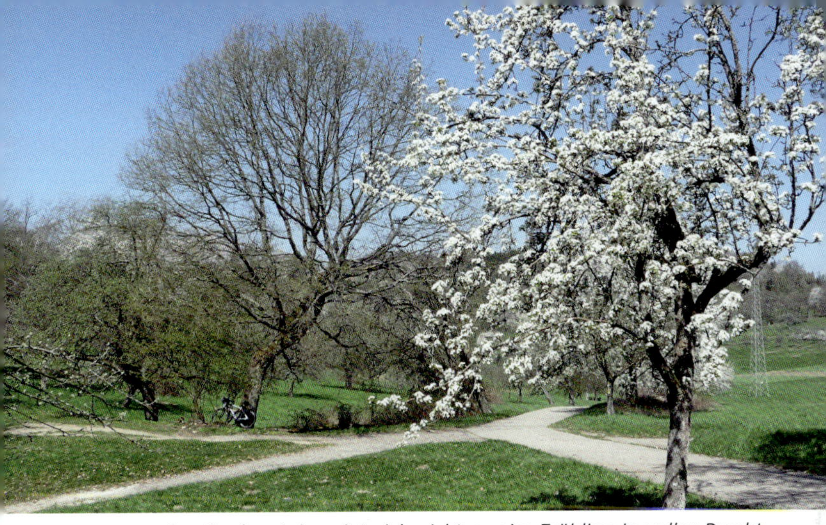

Der Neckarsteig zeigt sich nicht nur im Frühling in voller Pracht

Wandern mit Hund

Der Neckarsteig durchquert eine Reihe von Städten, Dörfern, Schutzgebieten und Gebieten mit Leinenzwang. Begegnungen mit Wild sind möglich. Ihnen und den Hunden wird die Wanderung nur gefallen, wenn die Hunde an derartige Streckenwanderungen gewöhnt und gut erzogen sind. Wenn Sie übernachten, erkundigen Sie sich rechtzeitig, ob Hunde akzeptiert werden.

Wandern mit Kind

Etappenwanderungen wie der Neckarsteig sind für Kinder generell wenig geeignet. Anhand der Charakterisierung im Wanderführer sollten Sie beurteilen, ob Ihr Kind den Anforderungen gewachsen ist. Zu Ihrer eigenen Entlastung sollten Sie Freunde Ihrer Kinder mitnehmen. Behalten Sie Ihre Kinder jederzeit im Blick! Der Neckarsteig ist für Kinderwagen ungeeignet.

Wanderzeit

Am Neckar ist von Ostern bis Oktober Wandersaison. Die dichten, Schatten spendenden Wälder, insbesondere auf den ersten fünf Etappen, machen das Wandern auch bei hochsommerlichen Temperaturen erträglich. Im

Winterhalbjahr sind einige Einrichtungen geschlossen oder haben eingeschränkte Öffnungszeiten. Auch das Hotel- und Gastgewerbe nutzt diese Zeit teilweise für Renovierungen und Betriebsschließungen, der Linienschiffsverkehr auf dem Neckar ist ebenfalls eingestellt. Gerade dann aber kann eine Wanderung auf dem Neckarsteig besonders eindrucksvoll sein. Im Herbst erleben Sie die Laubfärbung und den Geruch des gefallenen Laubes. Die ziehenden Nebel tauchen die Flusslandschaft öfter als sonst in ein geheimnisvolles Licht. Eine Winterwanderung im Schnee ist am Neckar ein besonderes, leider seltenes und meistens schnell vergängliches Vergnügen und erfordert Spontaneität des Wanderers.

Wettervorhersage

Prüfen Sie, ob Ihnen das vorhergesagte Wetter für Ihre Wanderung zusagt, verschieben Sie ggf. die Wanderung oder stellen Sie sich auf die Wetterbedingungen ein. Die Wettervorhersagen sind heute bis zu vier Tage im Voraus mit hoher Wahrscheinlichkeit richtig, rechnen Sie trotzdem mit anderem Wetter.

Wetterprognosen über mehrere Tage werden auch für kleine Regionen erstellt. Fragen Sie das Wetter für Heidelberg und Heilbronn, ersatzweise für Mannheim und Stuttgart ab, so erhalten Sie die Angaben für den Bereich des Neckarsteigs. Im Internet finden Sie aussagekräftige Wetterdaten, so z. B. unter 💻 www.wetter.de, 💻 www.wetter.net oder 💻 www.wetteronline.de. Radio, Fernsehen und Tageszeitungen vor Ort bieten recht grobe, aber meistens ausreichende Vorhersagen. Am einfachsten geht es natürlich über die Wetter-App Ihres Smartphones. Überprüfen Sie am Vorabend oder am Morgen vor jeder Wanderung die Wetterprognose. Im Winter können Angaben zu Sonnenauf- und -untergang hilfreich sein, damit Sie nicht von der Dunkelheit überrascht werden.

Zeitaufwand

Die Zeitangaben in diesem Führer sind reine Gehzeiten. Auf guten, ebenen Wegen wird eine Kilometerleistung von 4 km/h angesetzt. Gefällstrecken bzw. Steigungen und schlechte Wege erhalten Ab- bzw. Zuschläge. Die Pausen müssen noch hinzuaddiert werden.

Die Etappen des Neckarsteigs

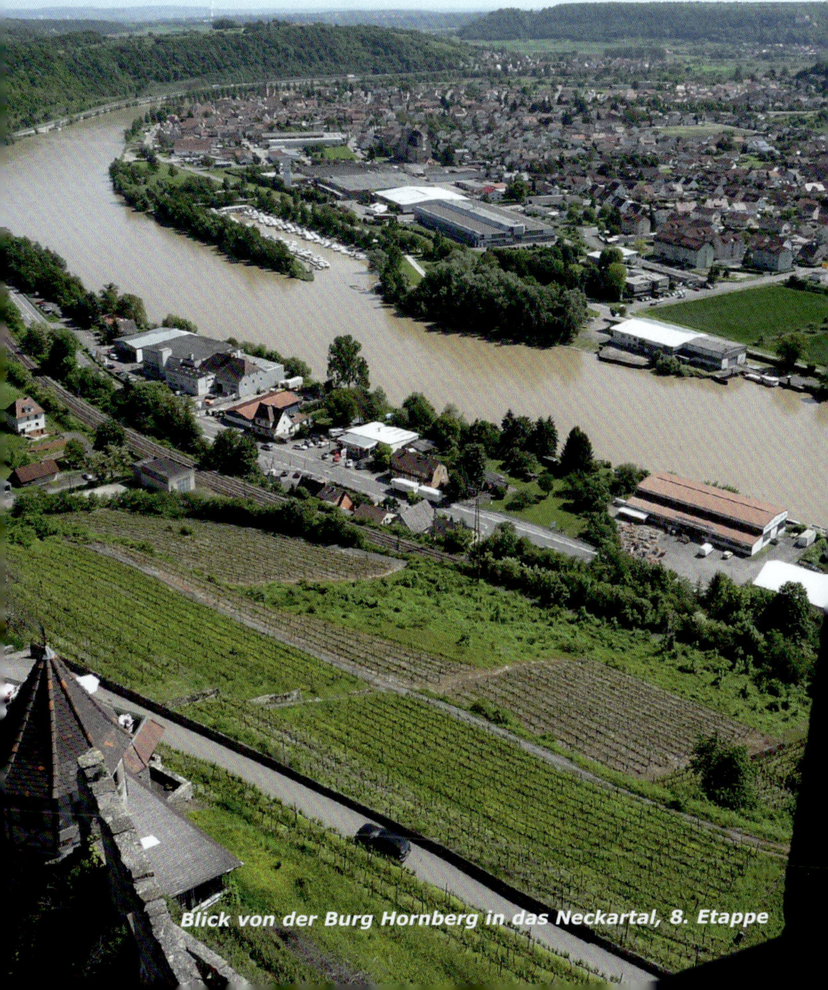

Blick von der Burg Hornberg in das Neckartal, 8. Etappe

Heidelberg

www.heidelberg-marketing.de

Tourist-Information am Hauptbahnhof, Willy-Brandt-Platz 1, 69115 Heidelberg, 062 21/58-444 44, touristinfo@heidelberg-marketing.de, April bis Okt Mo bis Sa 9:00-19:00, So und Fei 10:00-18:00, Nov bis März Mo bis Sa 9:00-18:00

♦ **Tourist-Information im Rathaus,** Marktplatz 10, 69117 Heidelberg, April bis Okt Mo bis Fr 8:00-17:00, Sa 9:00-17:00, Nov bis März Mo bis Fr 8:00-17:00

♦ **Heidelberg Marketing,** Service einschließlich Hotelreservierung: 062 21/58-402-23, -24, -25 oder -26, info@heidelberg-marketing.de, Mo bis Fr 9:00-18:00, Nov bis März Fr nur bis 15:00

Im Folgenden sind einige Hotels aufgeführt, die in der Heidelberger **Altstadt** liegen (Buchung auch online unter www.heidelberg-marketing.de oder über info@heidelberg-marketing.de möglich). Die angegebenen Preise beziehen sich in der Regel auf die Übernachtung mit Frühstück.

Hotel Zum Ritter, Hauptstr. 178, 69117 Heidelberg, 062 21/360 27 30, www.zum-ritter-heidelberg.de, hotel@zum-ritter-heidelberg.de, 6 EZ ab € 94, 31 DZ ab € 129

♦ **Hotel zur Alten Brücke**, Obere Neckarstr. 2, 69117 Heidelberg, 062 21/73 91 30, www.hotel-zur-alten-bruecke.de, info@hotel-zur-alten-bruecke.de, DZ ab € 110

♦ **Backmulde**, Schiffgasse 11, 69117 Heidelberg, 062 21/536 60, www.gasthaus-backmulde.de, info@gasthaus-backmulde.de, 4 EZ € 105, 21 DZ ab € 118

♦ **Goldener Hecht**, Steingasse 2, 69117 Heidelberg, 062 21/536 80, www.hotel-goldener-hecht.de, mail@hotel-goldener-hecht.de, 3 EZ € 69 bis € 75, 10 DZ € 85 bis € 109

♦ **Hackteufel**, Steingasse 7, 69117 Heidelberg, 062 21/90 53 80, www.hackteufel.de, hotel@hackteufel.de, 2 EZ € 85, 10 DZ € 125 bis € 155

♦ **Holländer Hof*****, Neckarstaden 66, 69117 Heidelberg, 062 21/605 00, www.hollaender-hof.de, info@hollaender-hof.de, 12 EZ ab € 96, 27 DZ ab € 137

♦ **Kulturbrauerei Heidelberg**, Leyergasse 6, 69117 Heidelberg, 062 21/50 29 80, www.heidelberger-kulturbrauerei.de, info@heidelberger-kulturbrauerei.de, 34 DZ ab € 141

♦ **Weisser Bock**, Große Mantelgasse 24, 69117 Heidelberg, 062 21/900 00, www.weisserbock.de, info@weisserbock.de, 6 EZ ab € 75, 17 DZ ab € 99 (stark schwankende Tagespreise)

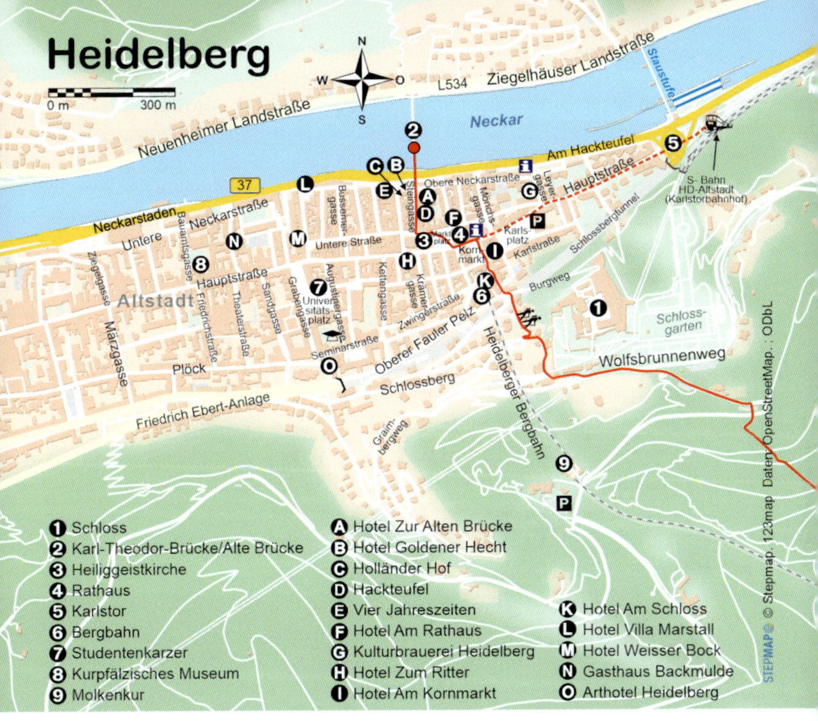

🛏 **Am Kornmarkt***, Kornmarkt 7, 69117 Heidelberg, ☏ 062 21/90 58 30, 💻 www.hotelamkornmarkt.de, ✉ info@hotelamkornmarkt.de, nur Ü EZ € ab 68, DZ ab € 99

♦ **Arthotel Heidelberg**, Grabengasse 7, 69117 Heidelberg, ☏ 062 21/65 00 60, 💻 www.arthotel.de, ✉ info@arthotel.de, EZ ab € 116, DZ ab € 165

♦ **Vier Jahreszeiten**, Haspelgasse 2, 69117 Heidelberg, ☏ 062 21/241 64, 💻 www.4-jahreszeiten.de, ✉ info@4-jahreszeiten.de, 6 EZ ab € 84, 20 DZ ab € 105

♦ **Hotel am Rathaus**, Heiliggeiststr. 1, 69117 Heidelberg, ☏ 062 21/147 30, 3 EZ ab € 89, 17 DZ ab € 125

♦ **Hotel am Schloss**, Zwinger Str. 20, 69117 Heidelberg, ☏ 062 21/141 70, 4 EZ ab € 97, 20 DZ ab € 125

♦ **Hotel Villa Marstall**, Lauerstr. 1, 69117 Heidelberg, ☏ 062 21/65 55 70, 💻 www.villamarstall.de, ✉ info@villamarstall.de, 1 EZ ab € ab 107, 17 DZ ab € 127

Jugendherberge Heidelberg International, Tiergartenstr. 5 (Neuenheimer Feld), 69120 Heidelberg, ☏ 062 21/65 11 90, www.jugendherberge-heidelberg.de, info@jugendherberge-heidelberg.de, 485 Betten, ÜF ab € 36,50, Buslinie 32 ab Hbf.

Campingplatz Heidelberg Neckartal, Schlierbacher Landstr. 151, 69118 Heidelberg, ☏ 062 21/80 25 06, www.camping-heidelberg.de, info@camping-heidelberg.de, April bis Okt, Ü € 9,50 p. P., Caravan € 10, Zelt € 6

Heidelberger Schloss, Schlosshof, 69117 Heidelberg, ☏ 062 21/53 84 31, www.schloss-heidelberg.de, täglich 8:00-18:00, Führungen stündlich zwischen 11:00 und 16:00. Renaissancefassaden von Ottheinrichs- und Friedrichsbau, Schlossgarten, Apothekermuseum, größtes Weinfass der Welt. Eine Fahrt mit der Bergbahn vom Kornplatz ist im Eintrittspreis enthalten.

⌘ **Kurpfälzisches Museum**, Hauptstr. 97, 69117 Heidelberg, ☏ 062 21/583 40 20, www.museum-heidelberg.de, Di bis So 10:00-18:00

Die Altstadt von Heidelberg

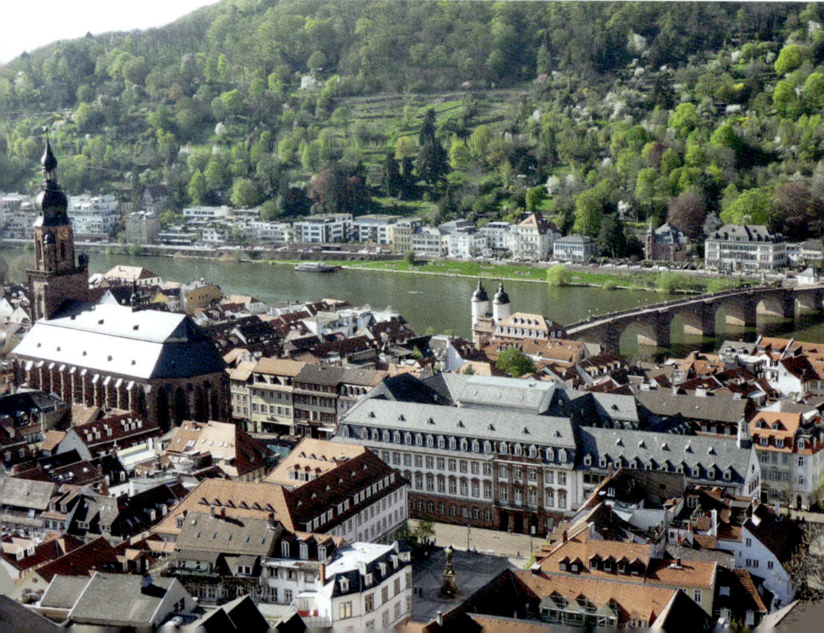

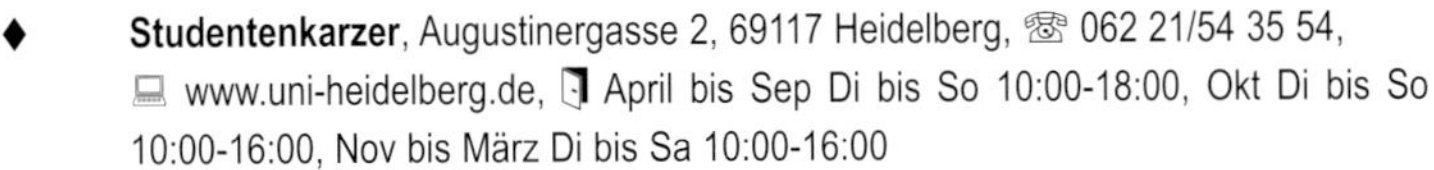

- **Studentenkarzer**, Augustinergasse 2, 69117 Heidelberg, ☎ 062 21/54 35 54, www.uni-heidelberg.de, April bis Sep Di bis So 10:00-18:00, Okt Di bis So 10:00-16:00, Nov bis März Di bis Sa 10:00-16:00
- **HeidelbergCARD** für 1, 2 und 4 Tage oder als familyCard für 2 Tage: freie Fahrt im ÖPNV des VRN Großwabe Heidelberg, freier Eintritt ins Schloss, Hin- und Rückfahrt mit der Bergbahn zum Schloss, Ermäßigungen bzw. Vergünstigungen bei Führungen, Museen, Gastronomie, Einkaufen
- **Heidelberg-Guide**, www.heidelberg-guide.com
- **Altstadtrundgang**, Dauer: 1 Std. 30 Min., April bis Okt täglich 10:30, zusätzlich Fr 18:00 und Sa 14:30, Nov bis März Fr 14:30 und Sa 10:30, Treffpunkt: Tourist-Info am Neckarmünzplatz, ☎ 062 21/584 02 00
- **Stadtrundfahrt** mit Schlossführung und **Cabriobus Sightseeing-Tour,** ☎ 062 21/584 44 44, www.heidelberg-marketing.de, info@heidelberg-marketing.de
- Für Gruppen werden zahlreiche weitere Führungen angeboten, u. a. Altstadt, Altstadt mit Schifffahrt, Schloss, Schloss mit Altstadt, Stadtrundfahrt mit Schloss, Themenführungen, Segwaytouren, Weinproben, Weinprobe mit Altstadtrundgang, Brauereiführung.
- **Heidelberger Schlossbeleuchtungen** mit Feuerwerk zur Erinnerung an die Zerstörung des Schlosses durch die Franzosen im Pfälzischen Erbfolgekrieg, drei Termine im Sommer, www.heidelberg-marketing.de
- **Altstadtfest Heidelberger Herbst**: Heidelberg feiert auf seinen Plätzen, letztes WE im Sep, www.heidelberg-marketing.de.
- **Heidelberger Weihnachtsmarkt**, www.heidelberg-marketing.de
- **Heidelberger Schlossfestspiele**, Mitte Juni bis Ende Juli, www.theaterheidelberg.de
- **Internationales Filmfestival Mannheim-Heidelberg**, Nov, www.iffmh.de
- **Heidelberger Literaturtage**, Mitte Mai, www.heidellittage.de
- **Heidelberger Stückemarkt:** szenische Lesungen junger Autoren, Ende April bis Anfang Mai, www.theaterheidelberger.de
- **Heidelberger Frühling**: klassisches Musikfestival, Ende März und April, www.heidelberger-fruehling.de
- **Enjoy Jazz**: internationales Jazzfestival, Okt bis Mitte Nov, www.enjoyjazz.de
- Heidelberg Hauptbahnhof: Anschluss an den Fern-, Regional- und Nahverkehr
- Heidelberg-Altstadt: S 1, S 2, S 5/51, RE 1 ins Neckartal
- P Tiefgarage Karlsplatz (oder Sie parken am Zielort Neckargemünd und fahren mit der S-Bahn zurück zum Startpunkt in Heidelberg.)

Heidelberg gilt als eine der romantischsten Städte überhaupt, vor allem wegen der Ruine des Schlosses und der unvergleichlichen Lage am Neckar. Ruinen galten in der Romantik des rückgewandten 19. Jh. als besonders reizvoll. Stadt und Schloss stehen aber auch für die Literatur, Malerei und Musik der deutschen Romantik und für die Studentenherrlichkeit früherer Zeiten. Die Altstadt ist heute gefüllt mit Touristen aus aller Welt, ein großer Teil davon Japaner, deren Deutschlandbild durch die Romantik geprägt ist. Dieser Beliebtheit hat es Heidelberg zu verdanken, dass sie als einzige deutsche Großstadt im Zweiten Weltkrieg nicht durch Fliegerbomben zerstört wurde. Das hatte die Stadt im Pfälzischen Erbfolgekrieg erlebt, als sie flächendeckend niedergebrannt wurde. Danach wurde im 18. Jh. die barocke Stadt auf mittelalterlichem Grundriss aufgebaut.

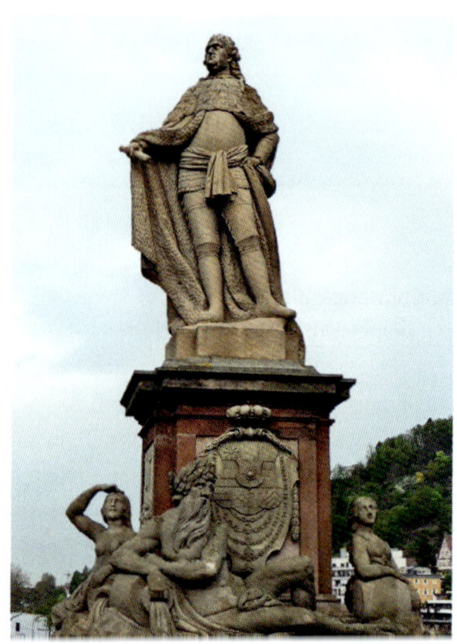

Kurfürst Karl Theodor in Heidelberg

Für denjenigen, der die Stadt nicht kennt, ist ein Rundgang durch die Altstadt und auf die Alte Brücke unverzichtbar. Besonders reizvoll bieten sich Altstadt, Schloss und Neckar vom Philosophenweg dar, was aber einen an heißen Tagen schweißtreibenden Aufstieg erfordert.

Die Entstehung Heidelbergs liegt im Dunkel der Geschichte. Im 12. Jh. wurde Heidelberg aber planmäßig als Stadt mit rechtwinkligem Grundriss angelegt.

Die im Besitz des Bistums Worms befindliche Stadt erhielt der Pfalzgraf bei Rhein im Jahr 1225 zu Lehen. Die Pfalzgrafen mehrten ihre Herrschaft, erhielten die Kurwürde und machten Heidelberg im 14. Jh. zur Residenz der Kurpfalz. Ruprecht I. gründete 1386 die Universität als dritte deutsche Universität nach Prag und Wien. 1556 wurde das Luthertum eingeführt. Danach entwickelte sich Heidelberg allerdings zum Zentrum des Calvinismus in Deutschland. 1563 erschien der Heidelberger Katechismus.

Im Dreißigjährigen Krieg litten Heidelberg und die Kurpfalz als Vertreter des Protestantismus besonders. Insgesamt 16 Pestjahre, verteilt auf die erste Hälfte des 17. Jh., trugen zur Entvölkerung wesentlich bei. Eine totale Zerstörung der Stadt und die Sprengung des Schlosses brachte der Pfälzische Erbfolgekrieg 1688-1697. Nur das prächtige Renaissancehaus Ritter gegenüber der Heiliggeistkirche blieb bestehen. Danach wurde die Stadt im barocken Stil wieder aufgebaut. Die Altstadt präsentiert sich im Wesentlichen noch heute so.

Kurfürst Carl Theodor, der per Erbfolge auch die Herrschaft über Bayern erlangte, baute das Karlstor und die Alte Brücke. Nachdem 1720 die Residenz nach Mannheim verlegt worden war, verlor Heidelberg stark an Bedeutung. Die Entwicklung der Stadt wurde „eingefroren“, ein Grund dafür, dass sich heute viele Menschen so gerne in ihr aufhalten. ☞ Kapitel Geschichte, S. 20.

Karlstor in Heidelberg

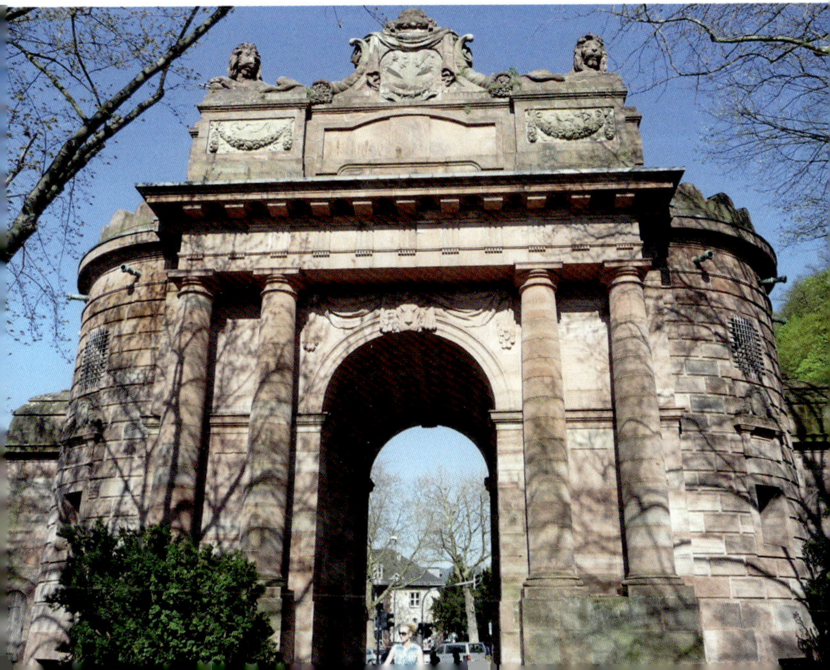

1. Etappe: Heidelberg – Neckargemünd

13 km, 4 Std. 30 Min., ↑ 670 m, ↓ 650 m, ⇧ 110-559 m

0,0 km	⇧ 110 m	Heidelberg, Alte Brücke
0,4 km	⇧ 113 m	Kornmarkt
0,8 km	⇧ 192 m	Schloss
2,0 km	⇧ 559 m	Königstuhl
3,3 km	⇧ 525 m	Kaltteich-Schutzhütte
5,1 km	⇧ 438 m	Hohler-Kästenbaum-Hütte
9,3 km	⇧ 179 m	Kümmelbach
10,8 km	⇧ 275 m	Neckarriedkopfhütte
13,0 km	⇧ 132 m	Neckargemünd, S-Bahn-Haltepunkt Neckargemünd-Altstadt

Charakter der Etappe: anspruchsvoll! Wenn Sie das Schloss passiert haben, muss die Himmelsleiter, eine Treppe aus ca. 1.200 Natursteinstufen zum Gipfel des Königstuhls, bezwungen werden (alternativ mit der Heidelberger Bergbahn hinauf). Anreise bis S-Bahn-Station Heidelberg-Altstadt bzw. Parken in der Tiefgarage Karlsplatz. Eine Einkehrmöglichkeit finden

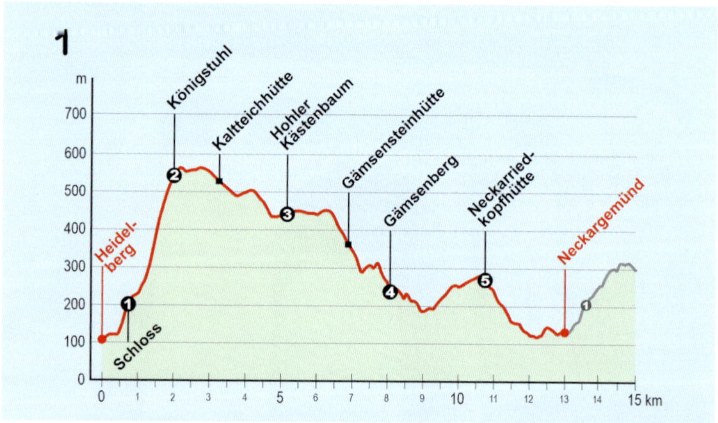

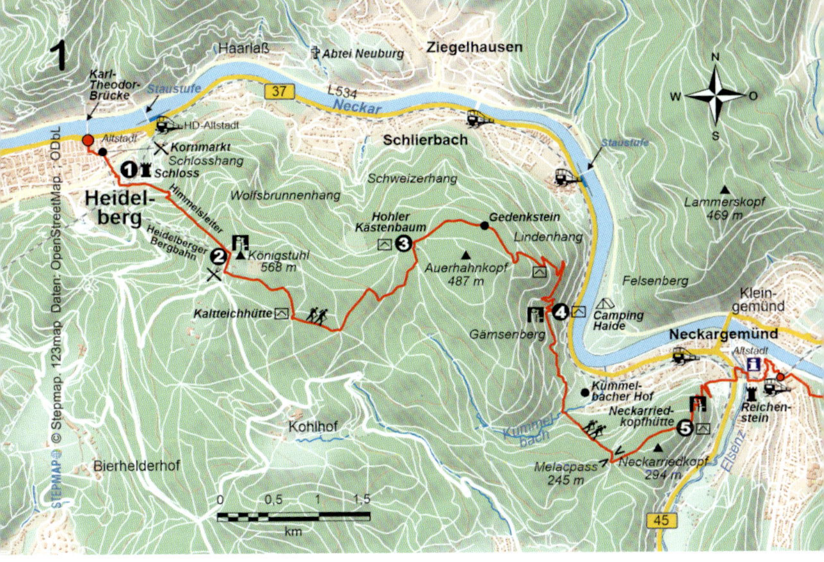

Sie unterwegs am Königstuhl nach ca. 1 Std. Gehzeit. Gegen Ende der Wanderung warten steile Abstiege zurück ins Neckartal und zum Etappenort Neckargemünd.

🚆 Am besten reisen Sie mit der Bahn bis zum S-Bahn-Haltepunkt Heidelberg-Altstadt. Von dort laufen Sie in Richtung Stadt, durch das barocke Karlstor, durch die Hauptstraße, vorbei am Karlsplatz bis zum **Kornmarkt** (⇧ 113 m) gegenüber dem Rathaus.

Ein besonders attraktiver Startpunkt ist die **Alte Neckarbrücke** (Karl-Theodor-Brücke, hier beginnt auch der GPS-Track). Über den Marktplatz und links am Rathaus vorbei durch die Hauptstraße erreichen Sie den Kornmarkt. Die 315 Stufen des Treppenweges vom Kornmarkt hinauf zum Schloss dienen dem Aufwärmen für den Aufstieg über die Himmelsleiter. Am Ende des Kornmarktes liegt die Talstation der 🚃 Heidelberger Bergbahn zum Schloss und zum Gipfel des Königstuhls. Sie bietet eine Alternative zum anstrengenden Aufstieg über die Himmelsleiter.

🚃 Die **Heidelberger Bergbahn** (💻 www.bergbahn-heidelberg, ☎ 062 21/513 21 50) ist eine Standseilbahn, die seit 1885 die Altstadt mit

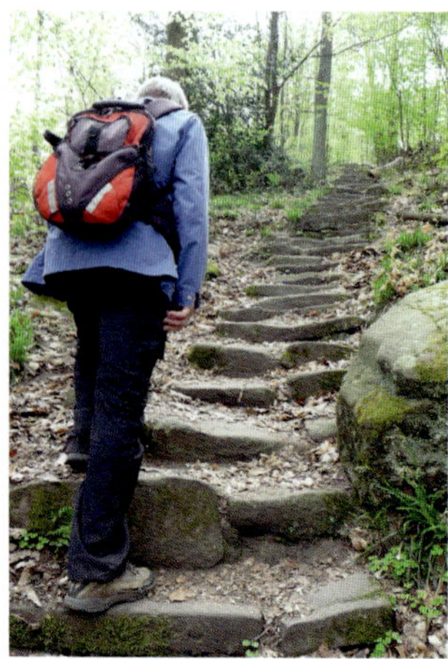
Himmelsleiter

dem Gipfel des Königstuhls in zwei Sektionen verbindet. An der Station Molkenkur muss in die zweite Sektion umgestiegen werden. Die untere Sektion fährt alle 10, die obere alle 20 Minuten im Sommer zwischen 9:00 und 20:00, im Winter zwischen 9:00 und 17:00.

Am Eingang zum ♜ **Heidelberger Schloss** ❶ (⇧ 192 m) beginnt der Neckarsteig offiziell.

Die Markierung weist am Gasthof Bergfreiheit vorbei links aufwärts. Ein mit ausgetretenen Sandsteinen gepflasterter Weg führt zur Straße Schloss-Wolfsbrunnenweg. Anschließend folgen Sie dem Molkenkurweg bis vor eine Rechtskehre, wo die **Himmelsleiter** mit ihren 1.258 grob behauenen Treppenstufen aus Sandstein bereits auf Sie wartet. Gehen Sie langsam, sonst werden Sie nicht am Gipfel des Königstuhls ankommen.

↳ Alternativ könnten Sie dem roten Strich folgen, der mit sanfter Steigung und mehreren Kehren hinaufleitet. Damit entginge Ihnen allerdings das für deutsche Mittelgebirge wohl einmalige Erlebnis Himmelsleiter. Achten Sie bei einer Besteigung des Königstuhls abseits der Himmelsleiter in jedem Fall darauf, dass Sie nicht auf die parallel zur Bergbahn verlaufende Freeride-Strecke geraten!

Von der ✕ Gaststätte und dem Biergarten (Sommer täglich 10:00-20:00, Winter 11:00-17:00) auf dem **Königstuhl** 🚋 🚌 P ❷ in ⇧ 559 m Höhe (Gipfel: ⇧ 568 m) können Sie bei guter Sicht nicht nur auf Heidelberg hinabblicken, sondern quer über den gesamten Oberrheingraben zum Pfälzerwald auf der gegenüberliegenden Seite, zum Donnersberg und unter sehr guten Bedingungen bis zu Hunsrück und Taunus schauen. Sie sind in etwa 1 Std. 440 Höhenmeter aufgestiegen und haben sich eine Rast verdient, um den Kreislauf zu normalisieren und die weich gewordenen Oberschenkel zu massieren.

Der Neckarsteig peilt zunächst den Funkturm an und umrundet dann das Märchenparadies entgegen dem Uhrzeigersinn zur Hälfte. Auf dem Weg zum Hohlen Kästenbaum werden Sie in der nächsten halben Stunde Teile der Via Naturae, die Ihnen mithilfe von Bildtafeln den Wald näher bringen möchte, und den mit viel Fantasie für Kinder gestalteten Walderlebnispfad kennenlernen, der die Welt des Waldes mit allen Sinnen erleben lässt. Ein angenehmer Waldpfad zweigt an einer kleinen Wiese rechts vom breiten Weg ab und führt zur ⌂ **Kaltteich-Schutzhütte**. Von dort folgt der Neckarsteig wieder breiten Wegen. Über hundert Jahre alte Wegweiser aus Sandstein weisen die Richtungen der zahlreichen Wanderwege im Heidelberger Naherholungsgebiet. Der Neckarsteig folgt dem Wegweiser „Hohler Kästenbaum“ in den Kohlplattenweg. Wo dieser auf einen Teerweg stößt, zweigt rechts ein Pfad (Eisenlohrweg) ab, der den Schwabenweg quert und hinunter zum tröpfelnden 💧 Erlenbrunnen führt. Der nun benutzte Erlenbrunnerweg nach links ist von mächtigen Fichten und Eichen gesäumt. Über den Drachenhöhlenweg wird an der nächsten Wegspinne nach 3,2 km nach dem Königstuhl die ⌂ 💧 **Hohler-Kästenbaum-Hütte** ❸ erreicht.

Sie wandern anschließend auf dem Auerhahnkopfringweg weiter, einem Schotterweg mit grünem Graskamm. Im schattigen und dem Wetter ausgesetzten feuchten Nordhang überziehen Moose, Gräser und Farne den Waldboden mit einer grünen Decke. Später geht es durch ein kleines Felsenmeer. Etwa 300 m nachdem der **Gedenkstein** für die in den Weltkriegen gefallenen und vermissten Jungwanderer des Odenwaldklubs (OWK) Heidelberg passiert wurde, verschwindet der Neckarsteig dem Wegweiser „Station Schlierbach“ folgend in der Tiefe. Dieser Pfad vollführt im steilen Hang einige Kehren. Ca. 25 m rechts vom Pfad versteckt sich die ⌂ Gämsensteinhütte. Der Abstieg wird erst von einem breiten Weg unterbrochen, dem Sie nach rechts folgen und auf dem Sie ca. 500 m leicht ansteigen. Die die Sonnenstrahlen reflektierende Wasseroberfläche des Neckars schimmert bereits durch die Blätter. Nochmals senkt sich ein Serpentinenpfad Richtung Neckar.

Am ⌂ **Gämsenberg-Pavillon** ❹ genießen Sie den Ausblick auf Neckargemünd und die Neckarschleife.

Südlich der Hütte steigen Sie im Osthang des Neckartales zum **Kümmelbach** (⇧ 179 m) ab. Hier befindet sich zwischen den Felsen ein natürlicher Wasserspielplatz. Ein aufsteigender Pfad umgeht elegant ein Wohngebiet von Neckargemünd und führt zu einem Schotterweg, auf dem Sie rechts hinaufwandern und nach 100 m den **Melacpass** (⇧ 245 m, ➲ 8,1 km oder ⌛ 2 Std. 30 Min. vom Königstuhl) erreichen. Dieser Pass trägt den Namen des Heerführers von Ludwig XIV., der im Pfälzischen Erbfolgekrieg 1689 die Pfalz brandschatzte. Von hier geht es links durch Buchenmischwald am Neckarriedkopf aufwärts. Oben erreichen Sie den Funkturm und die **Neckarriedkopfhütte ❺**, die im Sommer an Wochenenden bewirtschaftet ist.

Ein aussichtsreicher Serpentinenpfad führt nun über 100 Höhenmeter nach Neckargemünd hinab. Sie gehen oberhalb des Friedhofs links in den Schiesshausweg und von diesem auf einem Treppenweg hinab in ein Wohngebiet. Geradeaus unterqueren Sie die Elsenzbahn und nach links entlang der Bundesstraße auch die Neckartalbahn. Dort führt sogleich rechts ein Fußweg über die Elsenz. Nach der Brücke zeigt ein Wegweiser links durch die Mühlgasse in die Altstadt von **Neckargemünd**. Rechts führt der Neckarsteig hingegen weiter zur S-Bahn-Station Neckargemünd-Altstadt. Hierhin gelangen Sie, indem Sie unter der Straßenbrücke links einen Treppenweg emporsteigen, vor dem Tunnelloch der Straße rechts weiter auf einem Treppenweg und über ein Sträßchen zum barocken Prunktor gehen. Dieses bietet ein angemessenes Entree in die Altstadt. Wer direkt zur **S-Bahn** laufen möchte, geht an der Ampel links zur bereits sichtbaren Station. Der Neckarsteig macht noch einen Umweg durch den Park der Villa Menzer, um zum **Bahnhof Neckargemünd-Altstadt** zu gelangen.

Neckargemünd

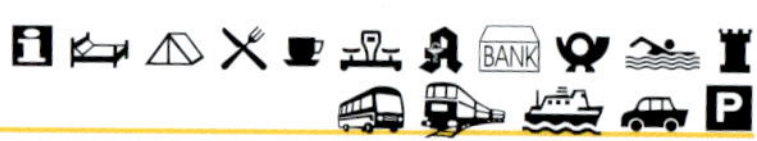

www.neckargemuend.de

Tourist-Information, Neckarstr. 36, 69151 Neckargemünd, ☏ 062 23/35 53, tourismus@neckargemuend.de, Mo, Di, Do, Fr 9:00-13:00 und 14:30-8:00, Mi und Sa 9:00-13:00

ART-Hotel Neckar, Hauptstr. 40, 69151 Neckargemünd, ☏ 062 23/86 27 68, www.art-hotel-neckar.de, info@art-hotel-neckar.de, ÜF: Tagespreise. Die Einrichtungen der Zimmer sind inspiriert von exotischen Reisezielen.

♦ **Die Dependance**, Hauptstr. 57, 69151 Neckargemünd, ☏ 062 23/86 27 68, www.die-dependance.de, info@die-dependance.de, 13 Zimmer, ÜF: EZ ab € 45, DZ ab € 69

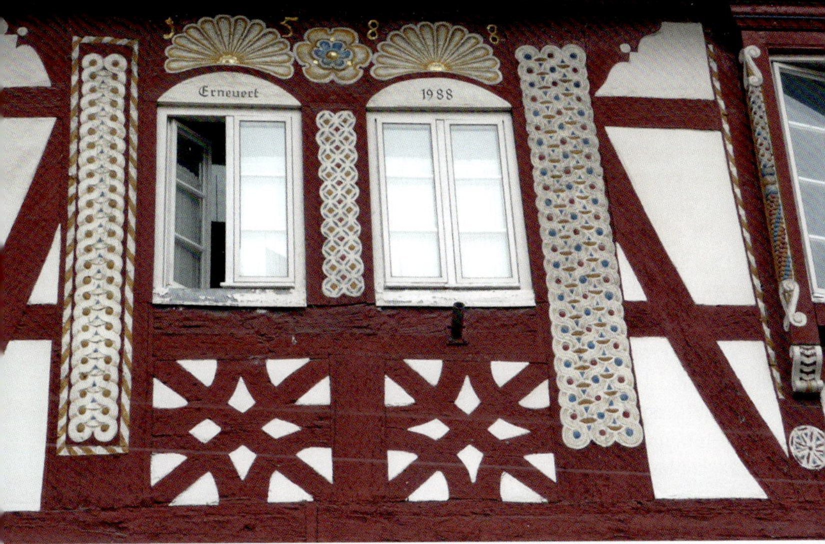

Fachwerk in Neckargemünd

♦ **Gasthof Reber**, Bahnhofstr. 52, 69151 Neckargemünd, ☏ 062 23/87 79, www.gasthaus-reber.de, info@gasthaus-reber.de, EZ € 80, DZ € 110, MBZ € 135, Parken

Zahlreiche **Ferienwohnungen** vermittelt die Tourist-Information, ☞ oben

Camping Haide, Ziegelhäuserstr. 91, 69151 Neckargemünd, ☏ 062 23/21 11, www.camping-haide.de, camping-haide@t-online.de, April bis Okt, Ü € 8 p. P., Caravan/Zelt ab € 5, zusätzlich Zimmer in Blockhäusern (Staffelpreise) und Schlafsäle mit Matratzenlager

♦ **Campingplatz an der Friedensbrücke**, Falltorstr. 4, 69151 Neckargemünd, 01 70/962 34 60, www.camping-neckargemuend.de, info@camping-neckargemuend.de, Ü ab € 10 p. P., Stellplatz ab € 11,50, Zelt ab € 4,50, zzgl. Nebenkosten

Gasthaus Alte Scheune, Schiffgasse 7, 69151 Neckargemünd, ☏ 062 23/15 83, www.alte-scheune-neckargemuend.de, Di bis So 11:00-0:00, Küche 11:30-21:30, Mo ab 16:00

Terrassenfreibad, Schwimmbadstraße (Kleingemünd), ☏ 062 23/805 79 30, Mitte Mai bis Mitte Sep 9:00-20:00

Linien 752 und 753 nach Dilsberg

S 1/S 2 und S 5/S 51

 Linienschifffahrt der Weißen Flotte, ☞ S. 29

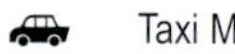 Taxi Mayer: ☏ 062 33/24 32, Taxi Neckargemünd: ☏ 062 23/10 88

 Gebührenfreie Langzeitparkplätze gibt es am Neckarufer unter der Friedensbrücke. Am Neckarufer nahe des Schiffsanlegers können Sie bis zu 10 Std. parken. Einen weiteren Parkplatz finden Sie zwischen Dilsberger Straße und Neckar.

Die **Altstadt** von Neckargemünd liegt im Zwickel zwischen dem Neckar und der Mündung der Elsenz in den Neckar. Landseitig wurde sie früher durch die Burg Reichenstein geschützt, die aber bereits gegen Ende des 14. Jh. aufgegeben wurde und bis auf die Grundmauern verfallen ist. Im 13. und 14. Jh. war Neckargemünd Freie Reichsstadt, verlor diesen Status allerdings durch Verpfändung und spätere Eingliederung in den Besitz der Pfalzgrafen. Mit der Auflösung der Kurpfalz 1803 wurde die Stadt Teil des Großherzogtums Baden.

Der Neckarsteig führt südlich der Altstadt zum prunkvollen **Karlstor**, das 1788 zu Ehren von Kurfürst Karl Theodor errichtet wurde. Von hier können Sie die Altstadt bestens erkunden, indem Sie die Hauptstraße bis zur Elsenz und zum Schiffsanleger am Neckar hinab- und auf der Neckarstraße zurückgehen. Sie stoßen auf hübsche Plätze, enge Gassen und imposante Gebäude. Überraschend ist sicherlich, hier auf die griechische Weinstube Zur Stadt Athen aus dem 19. Jh. zu treffen. Der Weinhändler, der spätere Königlich-griechische Konsul und Reichstagsabgeordnete Julius Menzer (1846-1917), führte als Erster griechischen Wein nach Deutschland ein. In dem Fachwerkhaus von 1507 wurde noch bis Anfang 2013 gepflegte Gastlichkeit geboten.

2. Etappe: Neckargemünd – Neckarsteinach

8,9 km, 3 Std., ↑ 450 m, ↓ 460 m, ⇧ 116-305 m

0,0 km	⇧ 132 m	Neckargemünd, S-Bahn-Haltepunkt Neckargemünd-Altstadt
0,6 km	⇧ 211 m	Bockfelsenhütte
2,5 km	⇧ 284 m	Tillystein
3,8 km	⇧ 178 m	Herrbach
6,5 km	⇧ 289 m	Dilsberg
8,9 km	⇧ 116 m	Neckarsteinach, Schiffsanleger

Heute erwartet Sie eine kurze und leichte Wanderung, die für angenehme Aufenthalte in Neckargemünd und Neckarsteinach und eine Erkundung der ungewöhnlichen Bergfestung Dilsberg Zeit lässt.

Mit oder ohne Besichtigung von Neckargemünd: Der Startpunkt für die Wanderung nach Neckarsteinach ist die S-Bahn-Station Neckargemünd-Altstadt. Sie begeben sich an die Südseite der Bahnhofsanlage (Schulzentrum) und laufen in einem Rechtsbogen den Alten Postweg in ein Wohngebiet hinauf. Von der Straße Am Kastanienberg führt ein Treppenweg in den

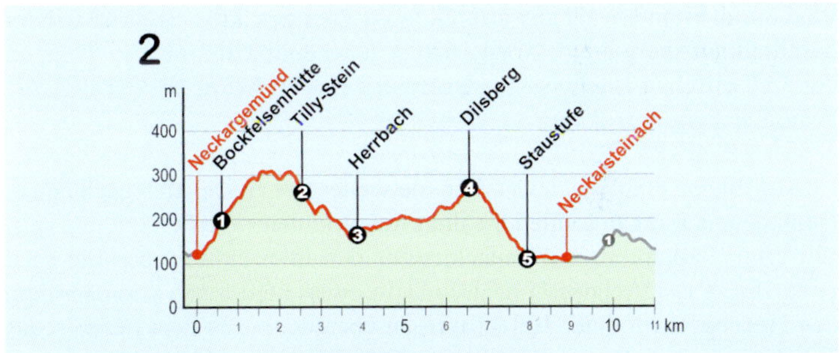

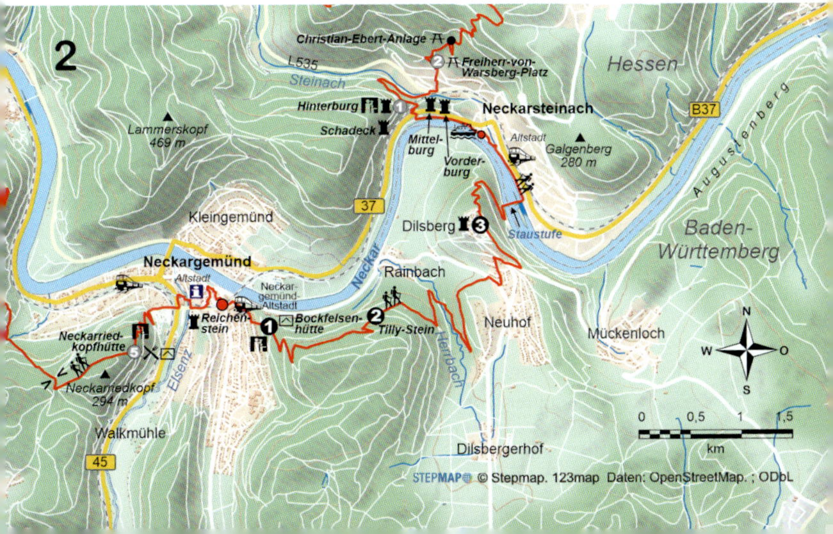

Wald, wo ein steiler Serpentinenpfad zum Kästenberg aufsteigt. Von der 30 m abseits des Pfades an der Hangkante gelegenen ⌂ **Bockfelsenhütte** ❶ bietet sich ein herrlicher Blick in das Neckartal und auf Dilsberg. Im Hochsommer wird man bei dem schweißtreibenden Aufstieg neidisch auf das Neckargemünder Schwimmbad hinabblicken.

Der Neckarsteig folgt dem Pfad nicht bis zu seinem Ende, sondern biegt nach etwa 600 m und 100 Höhenmetern Aufstieg links in einen Waldweg ein, der im oberen Hang durch schattigen Buchenhochwald verläuft. Nach weiteren etwa 900 m und nachdem Sie durch mannshohes Gras gelaufen sind, führt der Neckarsteig in spitzem Winkel auf schönem Pfad durch Fichtenwald abwärts. Sie passieren den **Tilly-Stein** ❷ („Tilly beschießt Dilsberg am 5. April 1622"). Nachdem Tilly mit den Truppen der Katholischen Liga bereits Heidelberg erobert hatte, öffnete auch die Feste Dilsberg ihre Tore.

Auf Pfaden und Wegen wandern Sie weiter abwärts. Gleich nach einem Brunnen und Bänken wählen Sie links den Brunnenstubenweg, der im spitzen Winkel abzweigt, und danach rechts den Hofwaldweg, den Sie nach etwa 150 m (☝ Achtung!) nach links in einen Pfad hinab verlassen, um den **Herrbach** auf einer Holzbrücke zu überqueren. Es geht tiefer in das Tal hinein und nach einer Spitzkehre wieder hinaus, wobei sich Blicke auf Dilsberg eröffnen.

Sie stoßen auf eine Straße und folgen ihr rechts aufwärts. Links führt der Ränkelweg durch ein Wohngebiet. Am Ende geht es rechts zur Straße nach Dilsberg. (Lassen Sie sich dort nicht verleiten, direkt auf der Straße nach **Dilsberg** hinaufzugehen!)

Der Neckarsteig wendet sich nach rechts und verläuft kurz an der Straße abwärts Richtung Mückenloch. Bereits der erste Weg führt links in den Wald. Auf schmalem Weg ist es ein Genuss, unterhalb der ehemaligen Festungsmauer und über dem steilen Hang des Höllenberges, des Prallhangs des Neckars, entlangzuwandern. Unter der prächtigen Friedenslinde (⇧ 289 m) von 1870/71 kann man sich angenehm ausruhen.

➪ Hier lohnt es sich, nach **Dilsberg** ❸ hineinzugehen und eine Schleife durch den Ort mit seiner Burg zu vollführen und – so Sie möchten – einzukehren.

Dilsberg (zu Neckargemünd gehörend)

www.dilsberg.de

☞ **Tourist-Information Neckargemünd**

Ferienwohnungen vermittelt die Tourist-Information Neckargemünd.

Jugendherberge Dilsberg, Untere Str. 1, 69151 Neckargemünd-Dilsberg, ☏ 062 23/972 30 21, https://www.jugendherberge.de/jugendherbergen/neckargemuend-dilsberg, JH-Dilsberg@jugendherberge.de, Preistabellen siehe Homepage

Campingplatz Unterm Dilsberg, Dorthsfeld 1 (gegenüber von Neckarsteinach), 69151 Neckargemünd-Dilsberg, ☏ 062 23/725 85, www.camping-dilsberg.de, mail@camping-dilsberg.de, April bis Sep, naturbelassener Platz am Neckarufer

Gasthaus Zur Sonne, Obere Str. 14, 69151 Neckargemünd-Dilsberg, ☏ 062 23/22 10, www.zur-sonne-dilsberg.de, Mo, Fr, Sa 11:30-14:30 und 18:00-22:00, So durchgehend

Treppenturm und Kommandantenhaus in Dilsberg

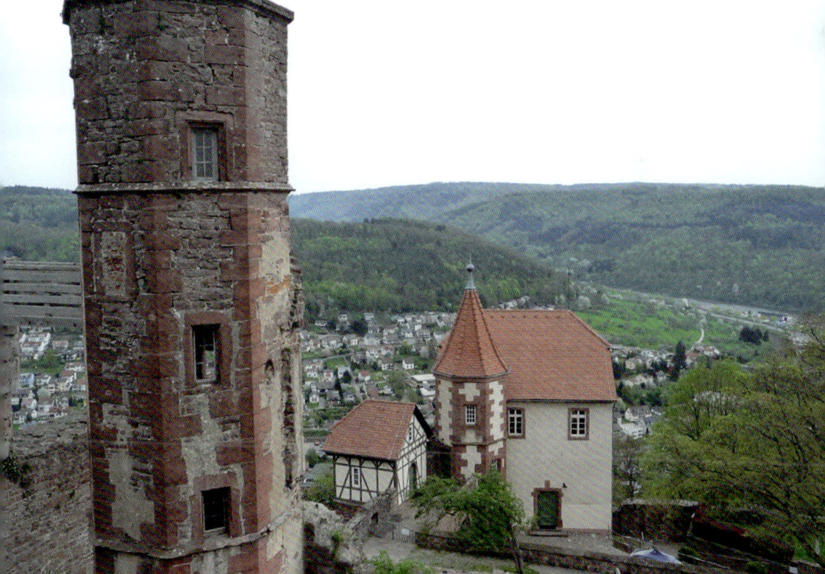

Chocolaterie (Café) im (ehemaligen) Gasthaus Zur Burg, Obere Str. 12, 69151 Neckargemünd-Dilsberg, 062 23/86 47 48, www.das-beste-zum-schluss.com, Do bis Sa 11:00-17:00

Burgfeste Dilsberg, 062 23/61 54, www.burgfeste-dilsberg.de, 1. April bis 31. Okt Di bis So 10:00-17:30, Brunnenstollen Mai bis Sep

Dilsberger Burgkonzerte, Infos bei der Tourist-Information, www.kultur-im-kreis.net, kulturstiftung@rhein-neckar-kreis.de

Freilichtaufführungen, Mitte Juni bis Mitte Juli Fr/Sa, www.burgbuehne-dilsberg.de

Dilsberg liegt weithin sichtbar auf einem Buntsandsteinkegel. Die **Burg** besteht mindestens seit dem Jahr 1200. Das Bistum Worms unterstellte sie weltlichen Vögten. Nach 1300 ging die Burg in die Herrschaft der Kurpfalz über und wurde mit einer Stadtmauer umzogen. Um die Stadt mit Verteidigern zu füllen, wurden die Bewohner umliegender Dörfer zwangsumgesiedelt. Die Feste überstand alle Belagerungen und Besetzungen durch Tilly und die Schweden im Dreißigjährigen Krieg, Melac im Pfälzischen Erbfolgekrieg und die französischen Revolutionstruppen. Mit sinkender militärischer Eignung wurde die Burg als Karzer und Gefängnis genutzt und schließlich zum Abbruch freigegeben. Die Zerstörung wurde in der Romantik gestoppt. Die Funktion eines unteren Verwaltungssitzes ging verloren und Dilsberg verarmte seit dem 19. Jh. Der historische Kern innerhalb der Stadtmauer wurde ab etwa 1970 saniert. Heute wohnen hier ungefähr 230 Menschen.

Von der **Friedenslinde** führt ein Pfad durch Laubmischwald hinab zur Staustufe Neckarsteinach. Über den Fußgängersteg wechseln Sie an das rechte Neckarufer und laufen auf dem Uferweg flussabwärts zum Schiffsanleger und zur Altstadt von **Neckarsteinach**. (Vorher weist ein Wegweiser zur S-Bahn-Station.) Bei schönem Wetter bieten die schattigen Biergärten und der Nibelungengarten auf dem Hochufer über dem Schiffsanleger Entspannung von der Wanderung.

Wer heute noch nicht genug gewandert ist, der kann die **vier Burgen** von Neckarsteinach besuchen. Dazu steigen Sie vom Schiffsanleger zuerst der Neckarstraße, dann links der Kirchenstraße folgend zur Hauptstraße empor. Neben dem Rathaus führt die Kirchenstraße zwischen der gotischen evangelischen Kirche und der katholischen Kirche über einen

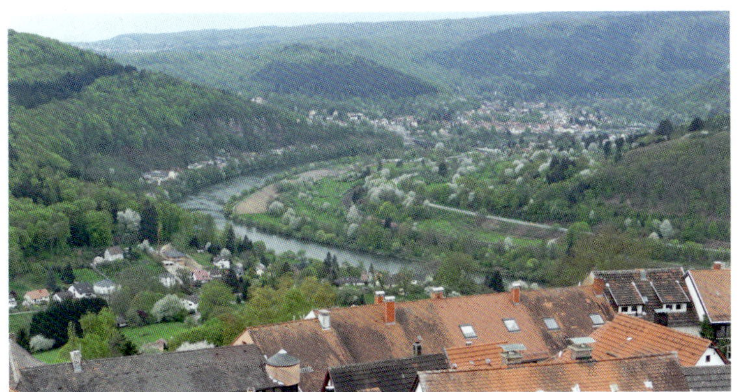

Blick von Burg Dilsberg in das Neckartal

Buckel bis zur Steinach. Vor der dortigen Brücke zieht sich links ein Pfad zum Bergrücken hinauf, der das Steinachtal vom Neckartal trennt und drei der Burgen trägt. Sie erreichen die **Mittelburg**, links davon liegt die **Vorderburg**. Beide Burgen sind leider nicht zugänglich. Über den Bergrücken führt aber ein schöner, ebener Kiesweg zur Ruine der **Hinterburg**, deren Bergfried bestiegen werden kann.

Der Beschilderung im Wald folgend kann außerdem in etwa 15 Min. die **Burgruine Schadeck** (Schwalbennest) erreicht werden, deren Turm Sie ebenfalls erklimmen können. Beide Burgtürme bieten prächtige Ausblicke.

Auf dem Rückweg in die Altstadt bietet sich als Alternative der Abstieg von der Hinterburg über den Neckarsteig zum Neckaruferweg an.

Neckarsteinach

www.neckarsteinach.com

Tourist-Information und Geopark-Eingangstor Neckarsteinach und Café, Neckarstr. 47, 69239 Neckarsteinach, 062 29/70 89 14, tourismus@neckarsteinach.de, Mo, Di, Fr 11:00-18:00, Sa und So 9:30-18:00

Hotel-Terrassencafé Vierburgeneck, Heiterswiesenweg 11, 69239 Neckarsteinach, 062 29/542, www.vierburgeneck.de, kontakt@vierburgeneck.de, 15 Zimmer, ÜF: EZ € 99, DZ € 100, MBZ € 120

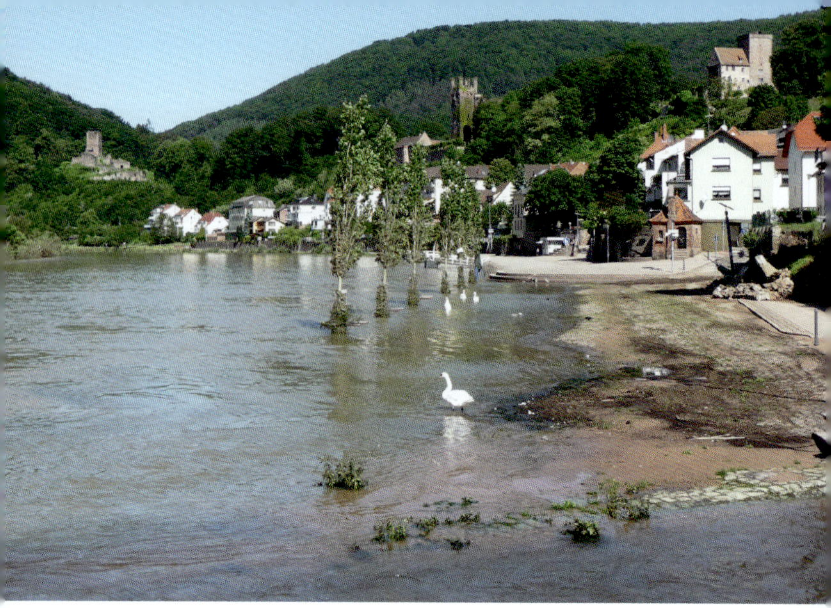

Neckarsteinach bei ablaufendem Hochwasser

Hotel-Pension garni Neckarblick, Bahnhofstr. 27 A, 69239 Neckarsteinach, 062 29/70 88 90, www.neckarblick-garni.de, thum@neckarblick-garni.de, 13 Zimmer, ÜF: EZ € 33, DZ € 70, Sauna und Whirlpool

Dilsberg

Restaurant Sokrates, Bahnhofstr. 13, 69239 Neckarsteinach, 062 29/671, www.restaurant-sokrates.de, restaurabt-sokrates@t-online.de, Mi bis Sa 17:00-22:00, So 11:30-14:00 und 17:00-22:00

♦ **Restaurant Zum Ambtman**, Hirschgasse 1, 69239 Neckarsteinach, 062 29/21 15, www.zum-ambtman.de, info@zum-ambtman.de, Fr/Sa ab 18:00, So ab 12:00, edles Restaurant mit feiner regionaler Küche im schönsten Fachwerkhaus der Stadt von 1587, Wanderkleidung ist hier etwas unpassend.

♦ **Restaurant Zum Schiff**, Neckargemünder Str. 2, 69239 Neckarsteinach, 062 29/324, www.zum-schiff.de, info@zum-schiff.de, im Sommer Fr bis Di warme Küche 11:30-14:00 und 17:30- ca. 21:00, im Winter nur abends geöffnet

♦ Rund um den Nibelungengarten gibt es Biergärten und Cafés.

S 1 und S 2

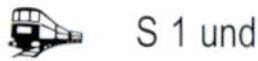

Linienschifffahrt der Weißen Flotte, S. 29

Parkplatz Neckarufer

Das 24 km lange Flüsschen Steinach, das hier in den Neckar mündet, trägt zum Namen der Vier-Burgen-Stadt Neckarsteinach bei. In der Steinach wurden 200 Jahre lang Flussperlmuscheln gezüchtet. Auf dem schmalen Bergrücken zwischen Neckar und Steinach erbaute man in der zweiten Hälfte des 12. Jh. die Vorderburg, die Mittelburg und die Hinterburg. Etwa 100 Jahre später kam die Burg Schadeck im Neckarhang hinzu. Der Minnesänger Bligger von Steinach – seinetwegen trägt die Stadt die Harfe in ihrem Wappen – wurde 1142 erstmals urkundlich erwähnt. Das Städtchen entwickelte sich im Schutz von Neckar, Steinach und Vorderburg. Ort und Vorderburg waren von einer gemeinsamen Mauer umgeben. An der Hauptstraße wurden 1842/43 im Zuge des Baus der Staatsstraße durch das Neckartal die Stadttore und Teile der Stadtmauer abgerissen. Noch heute kann man Reste der Stadtmauer von der Hauptstraße aus erblicken und erkennen, dass die Steinach einen natürlichen, tief eingeschnittenen Stadtgraben bildete.

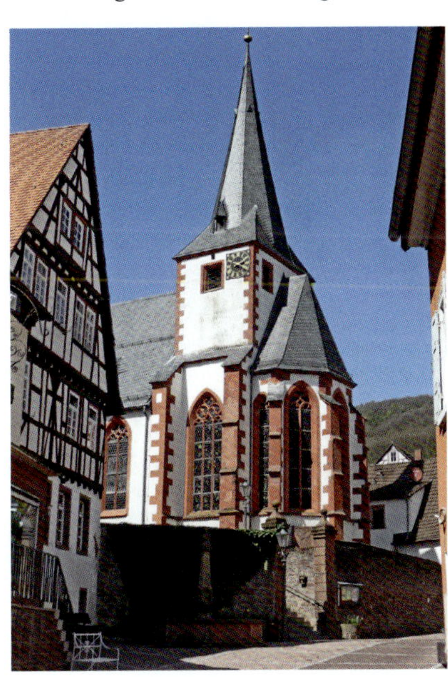

Kirchenstraße in Neckarsteinach

Die Ritter von Steinach waren Lehnsnehmer des Bistums Worms. Im Dreißigjährigen Krieg wurde das Städtchen abwechselnd von den Truppen Tillys, der Schweden und des Kaisers besetzt und zusätzlich von der Pest gegeißelt. In den diversen Erbfolgekriegen des 17. und 18. Jh. zogen immer wieder fremde Truppen durch die Stadt. Nach der Auflösung der Kurpfalz durch Napoleon 1803 kam Neckarsteinach zu Hessen-Darmstadt und nach dem Zweiten Weltkrieg zu Hessen – wie auch Hirschhorn.

Einen Rundgang durch die kleine Altstadt und über die Burgen (☞ S. 60) sollten Sie sich nicht entgehen lassen!

3. Etappe: Neckarsteinach – Hirschhorn

16,6 km, 4 Std. 45 Min., 590 m, 580 m, 116-443 m

0,0 km	116 m	Neckarsteinach, Schiffsanleger
1,0 km	150 m	Ruine Hinterburg
2,3 km	168 m	Freiherr-von-Warsberg-Platz
2,8 km	243 m	Christian-Ebert-Anlage
4,2 km	381 m	Drei Fichten
6,3 km	410 m	Goethe-Blick
11,7 km	443 m	Rotes Bild
15,9 km	130 m	S-Bahn-Haltepunkt Hirschhorn
16,6 km	120 m	Hirschhorn, Zentrum BANK

Zu Beginn der Etappe sind zwei Aufstiege zu bewältigen: ein kurzer hinauf zum Felsrücken zwischen Neckar- und Steinachtal an der Hinterburg und ein längerer, der streckenweise über einen schmalen Waldpfad führt. Danach verläuft der Neckarsteig auf breiten Wegen.

☺ Wer mit der S-Bahn anreist, kann am Haltepunkt Neckarsteinach dem Wegweiser zum Neckarsteig folgen. Angenehmer ist es jedoch, die B37 am Haltepunkt gleich zu verlassen, indem man auf schmalem Pfad auf die unterhalb der Bundesstraße verlaufende Straße absteigt und ihr nach rechts folgt. Bei nächster Gelegenheit wandern Sie links zum Neckarufer und flussabwärts. Sie erblicken die vier Burgen, überqueren die Steinach und erreichen den **Schiffsanleger**. Oberhalb liegt die Altstadt.

Sie setzen Ihre Wanderung auf dem Uferweg flussabwärts fort und passieren das Domizil des offensichtlich sympathischen Kauzes Bodo, wo Sie die aktuelle Wetterprognose abfragen können. Sie verlassen das Neckarufer und steigen über die B37 und einen Spielplatz auf einem Pfad zur **Hinterburg ❶** auf (Erläuterungstafel des Heimat- und Verkehrsvereins, Ausblick vom Bergfried). Sie haben den Kunstweg erreicht, der mit Holzfiguren gesäumt ist. Im Wald stoßen Sie sogleich auf eine Schutzhütte.

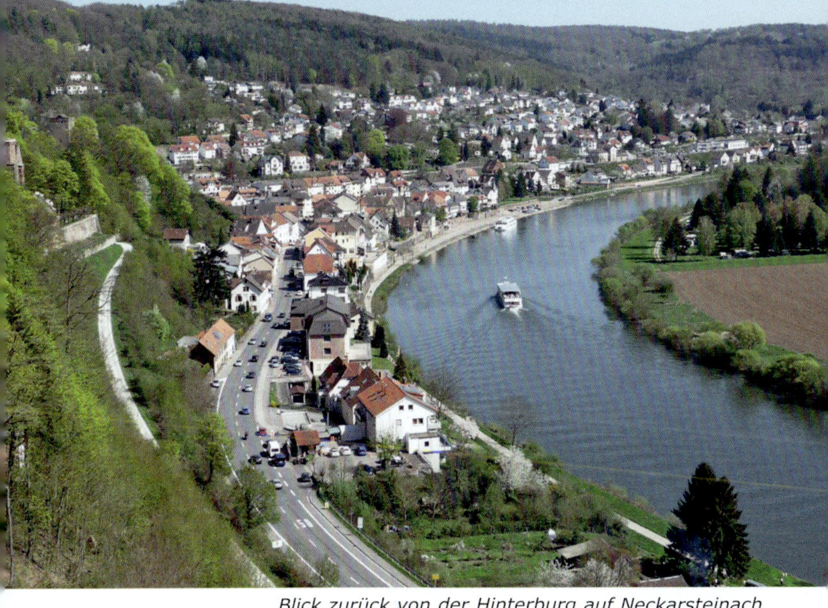

Blick zurück von der Hinterburg auf Neckarsteinach

↳ Wenn Sie an der Hütte aufwärts wandern oder – was bequemer ist – dem „15 Min." anzeigenden Wegweiser folgen, erreichen Sie die ♜ Burgruine Schadeck (Schwalbennest) erreichen, die von ihren Zinnen ebenfalls einen schönen Blick in das Neckartal, auf Neckarsteinach und die übrigen drei Burgen bietet.

Der Neckarsteig zweigt im Wald sehr bald vom breiten Weg in einen abwärts führenden Pfad ab, der Sie bis zu einem wiederum breiten Weg leitet. Hier biegen Sie scharf rechts ab und kommen zur Trasse der ehemaligen Steinachtalbahn, über die heute der Radweg nach Schönau verläuft (⩩, Informationen zu Geopark und Bahn). Sie queren die L535 und steigen über Fuß- und Treppenwege und schmale Straßen durch ein Wohngebiet von Neckarsteinach zum **Alexander-Freiherr-von-Warsberg-Platz** ❷ auf (⩩ Bänke unter hohen Linden). Der Platz ist nach dem ehemaligen Eigentümer der Vorder- und der Mittelburg und Wohltäter der Gemeinde benannt.

Danach geht es im Wald sich links haltend zunächst steil, am ersten Schotterweg rechts dann leichter bergan. In einer Rechtskurve treffen Sie auf die **Christian-Ebert-Anlage** mit dem 💧 OWK-Brunnen Eichelberg und ⛩ Rastplätzen. Der Blick auf Hinterburg und Schadeck öffnet sich. Etwa 150 m nach dem Rastplatz zweigt der Neckarsteig in spitzem Winkel links in den Bänkleweg ab. Dieser Pfad leitet Sie in vielen Schleifen bergauf. Etwa 20 m nachdem ein Asphaltweg gequert wurde, führt ein später sandsteingepflasterter Weg zur Wegspinne **Drei Fichten** ❸ (⇧ 381 m, ➲ 4,2 km bzw. ⌛ ca. 1 Std. 30 Min. ab Schiffsanleger). Eine ⌂ Schutzhütte direkt im Wegedreieck und ein schattiger Rastplatz bieten sich nach dem anstrengenden Aufstieg für eine Pause an.

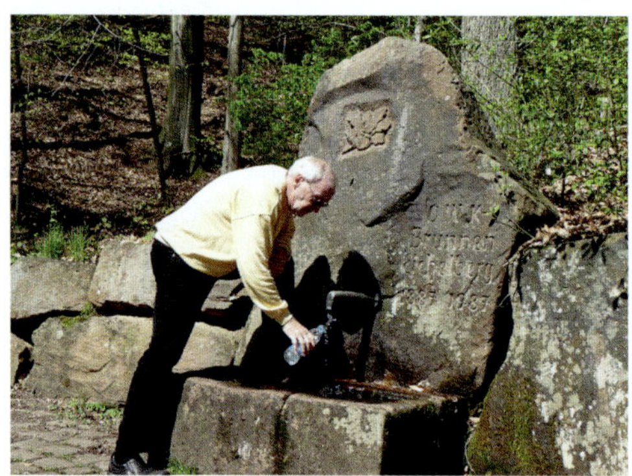

OWK-Brunnen

Ab der Wegspinne Drei Fichten wurde die ursprüngliche Trasse des Neckarsteigs verlegt. Sie führt nicht mehr nach Darsberg hinunter und oberhalb von Neckarhausen durch den Hang des Neckartals. Stattdessen verläuft der Neckarsteig nun fast ausschließlich auf bequemen Wegen über einen bewaldeten Höhenrücken des Odenwaldes und steigt am Ende nach Hirschhorn ab.

Zunächst geht es sanft ansteigend auf einem breiten Schotterweg an der Hochzeits-Location Hoher Darsberg vorbei. Nach 500 m wechseln Sie auf einen angenehmen Pfad durch den Hochwald. Am Gipfel des Hohen Darsbergs (⇧ 445 m) erwartet Sie ein kleines Felsenmeer, durch das Sie kurz zu einem um den Gipfel herumlaufenden Waldweg absteigen. Nach ca. 50 m sollten Sie ✋ nach links den schmalen Pfad nicht übersehen, der nach wenigen Metern zum ℹ **Goethe-Blick** ❹ (⇧ 420 m) führt. Dieser Platz kann mit seinem Ausblick in das Neckartal und über den Kleinen Odenwald mit der ehemaligen Festung Dilsberg als Höhepunkt der heutigen Etappe angesehen werden.

Der Waldweg, auf den Sie zurückgekehrt sind, stößt nach knapp 1 km auf die hessisch-baden-württembergische Landesgrenze, auf der Sie nun

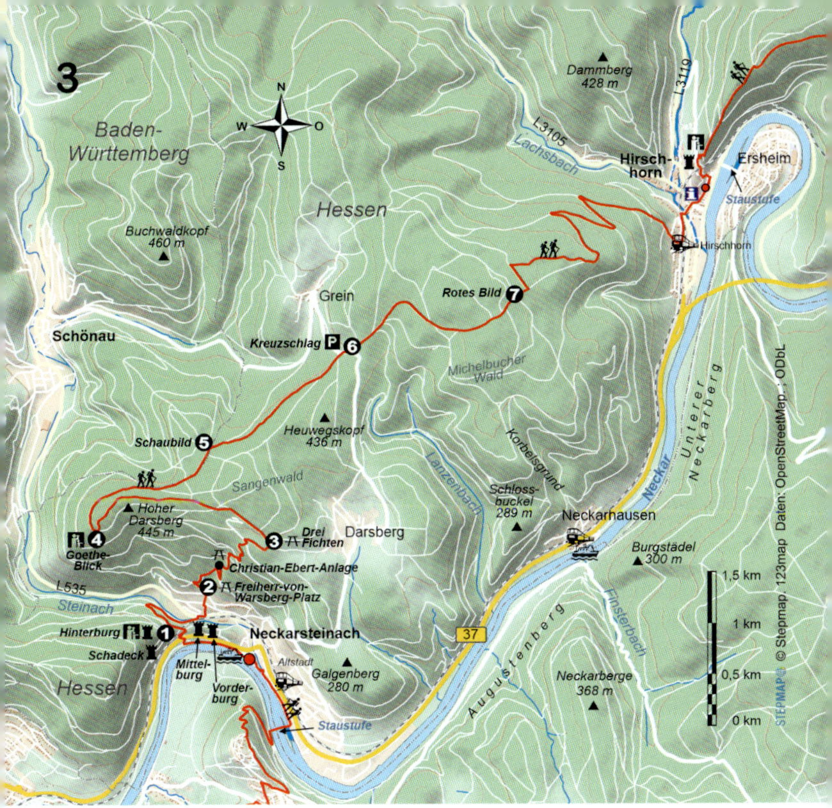

3

N
W
O
S

Baden-Württemberg
Hessen
Buchwaldkopf 460 m
Schönau
Grein
Kreuzschlag 6
Rotes Bild 7
Dammberg 428 m
L3119
L3105
Lachsbach
Hirschhorn
Ersheim
Staustufe
Hirschhorn
Michelbucher Wald
Heuwegskopf 436 m
Schaubild 5
Sangenwald
Hoher Darsberg 445 m
4 Goethe-Blick
3 Drei Fichten
Darsberg
Christian-Ebert-Anlage
2 Freiherr-von-Warsberg-Platz
L535
Steinach
Hinterburg 1
Schadeck
Mittelburg
Vorderburg
Neckarsteinach
Altstadt
Galgenberg 280 m
Staustufe
Hessen
Lanzenbach
Korbelsgrund
Schlossbuckel 289 m
Neckarhausen
Neckar
Unterer Neckarberg
Burgstädel 300 m
Finsterbach
Augustenberg
Neckarberge 368 m
37
1,5 km
1 km
0,5 km
0 km
STEPMAP © Stepmap. 123map Daten: OpenStreetMap., ODbL

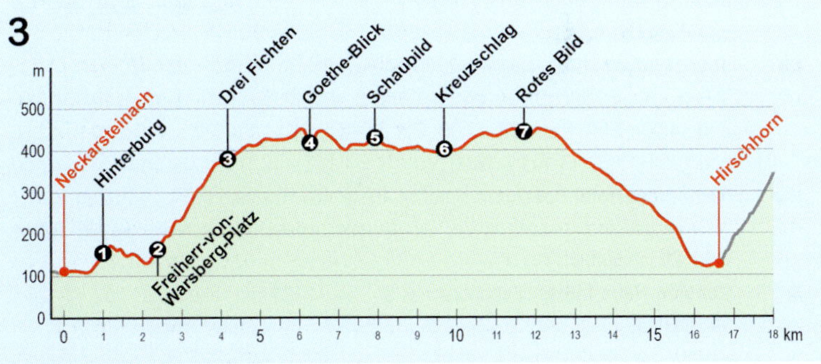

ebenfalls fast 1 km entlanglaufen. Der aufmerksame Wanderer entdeckt historische Grenzsteine mit den Initialen „G. H.“ für Großherzogtum Hessen und „G. B.“ für Großherzogtum Baden, die Fürstentümer von Napoleons Gnaden. Der Neckarsteig verlässt die Landesgrenze am Hinweisschild „Schaubild“. Das wenige Meter links abseits des Weges stehende, unscheinbare **Schaubild ❺** diente früher als Heilszeichen am Weg zum Kloster Schönau.

Von der Wegspinne leitet die Markierung auf dem mittleren Weg ohne große Höhenunterschiede über 1,7 km zum **Parkplatz Kreuzschlag ❻** (⇧ 398 m). An felsigen Wegweisern verlassen Sie den geteerten Hirschhornweg nach links in den Hagedornweg. Angenehm auf Gras passieren Sie eine kleine Streuobstwiese und erreichen danach den stimmungsvollen Wald am **Roten Bild ❼** (⇧ 443 m). Das Rote Bild markiert die Grenze des ehemaligen Klosters Schönau zu Hirschhorn.

Bald darauf wird der Abstieg nach Hirschhorn eingeleitet. In großen Bögen geht es auf breiten Wegen hinab. In einer engen Rechtskurve liegt das historische **Freischärlergrab** aus der Zeit, als preußische Truppen die Revolution 1848/49 in Baden endgültig niederschlugen. Zuletzt führt ein sich steil absenkender Hohlweg aus dem Wald zum sichtbaren S-Bahn-Haltepunkt Hirschhorn. Das Logo des Neckarsteigs weist den Weg entlang der Bahnlinie – im Frühjahr durch einen Teppich aus blühendem und duftendem Bärlauch – schließlich in die Fußgängerzone der Altstadt von **Hirschhorn** mit ihren Einkehrmöglichkeiten.

Hirschhorn

- www.hirschhorn.de
- **Tourist-Information**, Alleeweg 2, 69434 Hirschhorn, ☏ 062 72/17 42, tourist-info@hirschhorn.de, Mai bis Sep Di 14:00-16:00, Mi bis Fr 10:00-12:00 und 14:00-16:00, Sa 10:00-12:00, Okt bis April Di 14:00-16:00, Mi/Do 10:00-12:00 und 14:00-17:00, Fr 10:00-12:00
- **Restaurant-Hotel Poseidon**, Hauptstr. 39, 69434 Hirschhorn, ☏ 062 72/91 23 00, www.poseidon-hirschhorn.de, kontakt@poseidon-hirschhorn.de, ÜF: EZ ab € 60, DZ ab € 100
- ♦ **Pension Haus Lukas**, Schönbrunner Str. 34, 69434 Hirschhorn, ☏ 062 72/1280, Tagespreise

♦ **Pension Neckarbogen**, Ersheimer Str. 43, 69434 Hirschhorn, ☏ 062 72/29 68, Ü ohne Frühstück € 25

♦ Die Wiedereröffnung des Schlosshotels war bei Redaktionsschluss noch nicht bekannt.

Gasthaus zum Hirsch, Hauptstr. 25, 69434 Hirschhorn, ☏ 062 72/929 99 71, www.hirsch-horn.de, gasthaus@hirsch-horn.de, Mo-Sa 17:00-22:00, So 12:00-22:00

♦ **Gasthaus „Zur Burg Hirschhorn"**, Hauptstr. 10, 69434 Hirschhorn, ☏ 062 72/26 60, Mo 10:00-14:00, Mi bis So 10:00-20:00

Café am Rathaus, Hauptstr. 17, 69434 Hirschhorn, ☏ 062 72/513 04 79, www.kaffeemanufaktur-hirschhorn.de, täglich 9:00-18:00

Wohnmobilstellplatz, Jahnstr. 2, 69434 Hirschhorn, am Neckarufer unterhalb des Schiffsanlegers, ☏ 062 72/29 80, www.zum-nikolas.de

Odenwald Camping-Park, Langenthaler Str. 80, 69434 Hirschhorn, ☏ 062 72/809, www.odenwald-camping-park.de, odenwald-camping-park@t-online.de, Anfang April/Ostern bis Anfang Okt, Stellplatz ab € 9,90, Restaurant, Biergarten, SB-Laden, Schwimmbad, Grillhütte, Minigolf

S 1 und S 2

Linienschifffahrt der Weißen Flotte, ☞ S. 29

Taxi Braho: ☏ 062 72/35 01, Taxi Hirschhorn: 015 90/426 99 60

P am Neckarufer

Die von einer Mauer umgebene Altstadt von Hirschhorn mit dem darüber thronenden Renaissanceschloss wird auch als Perle des Neckartals bezeichnet. Der innerhalb der flachen Neckarschleife liegende Ortsteil Ersheim ist älter als die Altstadt. Die Ersheimer Kapelle wird bereits im Lorscher Kodex von 773 erwähnt und gilt als älteste Kirche im Neckartal.

Die Herren von Hirschhorn errichteten im 13. Jh. die Burg Hirschhorn. Im Jahr 1391 wurde die Stadtmauer gebaut, Hirschhorn erhielt Stadtrechte und 1404 das Marktrecht. Das zwischen Stadt und Burg gelegene Karmeliterkloster und die gotische Kirche, Grablege derer von Hirschhorn, wurden um 1400 von den Hirschhorner Rittern gestiftet. Sie – inzwischen protestantisch – hoben das Kloster 1543 wieder auf. Um 1600 wurde die Burg zum Renaissanceschloss umgebaut und erhielt den markanten Palas, der heute als Schlosshotel (Anfang 2024 noch geschlossen) genutzt wird.

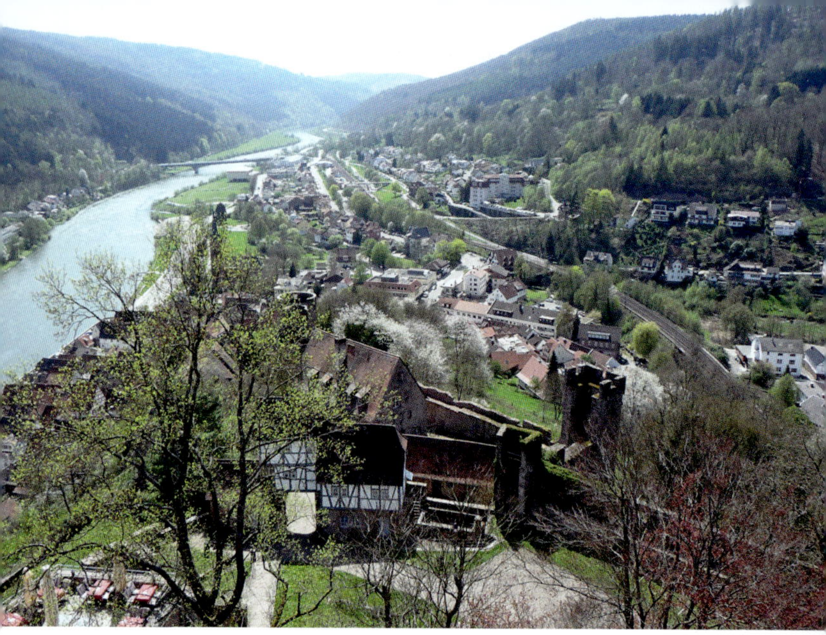

Blick vom Burgturm auf Hirschhorn und den Neckar

Das Städtchen wurde von Katastrophen nicht verschont: Ein Stadtbrand äscherte 1556 einen großen Teil der Häuser ein. Zehn Jahre später riss ein Hochwasser mit Eisgang Teile der Stadtmauer nieder. Dreißigjähriger Krieg, Pest und Ausbeutung durch Lehns- und Pfandherren führten dazu, dass die Stadt nahezu entvölkert war. Mit dem Reichsdeputationshauptschluss 1803 kam Hirschhorn zum Großherzogtum Hessen-Darmstadt und bildet mit dem Ortsteil Ersheim heute einen hessischen Brückenkopf am Neckar.

Mit dem Bau der Staatsstraße durch das Neckartal 1842/43 und der Eröffnung der Neckartalbahn im Jahr 1879 hat sich die Lage Hirschhorns verbessert. Die Staustufe und die damit verbundene Brücke zum südlichen Ufer ermöglichen seit 1933 die Ausdehnung der Stadt im damals verödeten Ersheim. Die Südumgehung (B37), die die Neckarschleife durchstößt, entlastet Hirschhorn seit 1982 wesentlich vom Durchgangsverkehr und ermöglicht, das touristische Potential stärker auszuspielen.

Auf der 4. Etappe des Neckarsteigs erleben Sie die interessantesten Sehenswürdigkeiten von Hirschhorn und bekommen einen guten Eindruck von der Stadt.

4. Etappe: Hirschhorn – Eberbach

12 km, 3 Std. 45 Min., ↑ 510 m, ↓ 500 m, ⇧ 126-430 m

0,0 km	⇧ 120 m	Hirschhorn, Zentrum
0,4 km	⇧ 186 m	Schloss Hirschhorn
2,6 km	⇧ 406 m	Hoppehütte
3,2 km	⇧ 392 m	Steinerner Tisch/Förster-Denkmal
7,7 km	⇧ 241 m	Waldklassenzimmer
9,5 km	⇧ 125 m	Gammelsbachtal/B45
12,0 km	⇧ 128 m	Eberbach, Thonon-Platz

Auch auf dieser Etappe führt der Neckarsteig zunächst aus dem Neckartal auf die Höhe hinauf, dann erlebnisreich über Schloss Hirschhorn und auf einem Pfad weiter über einen Bergrücken hoch über dem Neckar. Für den Abschnitt im Gretengrund bietet dieser Führer eine Alternativroute zum wenig wandererfreundlichen Neckarsteig an. Unterwegs gibt es keine Einkehrmöglichkeit!

☺ Wer mit der S-Bahn anreist, wechselt gegebenenfalls an die Bergseite des Haltepunktes und folgt der Markierung des Neckarsteigs entlang der Bahnlinie Richtung Eberbach oder der Neckarsteinacher Straße in das Ortszentrum von Hirschhorn (Sparkassen und Rathaus). Von dort führt der Neckarsteig durch die Fußgängerzone.

Direkt hinter dem ehemaligen Mitteltor, das heute als Turm der Pfarrkirche dient, steigt die Klostergasse zur Klosterkirche auf. Ein Treppenweg leitet höher hinauf. Durch das Torhaus betreten Sie die obere Vorburg. Über Ihnen steht der Renaissancebau des Schlosses, dessen Terrasse eine schöne Aussicht bietet.

Die Burg verlassen Sie am Wasserbecken vorbei in der oberen Vorburg durch das Tor an der Bergseite. Vom Parkplatz hinter dem Tor steigt ein Pfad zunächst in Serpentinen und dann geradlinig über einen felsigen Bergrücken scheinbar endlos durch Fichtenwald an. Wenn dieser in Buchenwald übergeht, wandern Sie rechts auf einem Forstweg durch den oberen

Hang und kommen zur ⌂ **Hoppehütte** ❶ (⇧ 400 m, 2,6 km und 270 Höhenmeter Aufstieg ab Start, Blick auf die Ersheimer Neckarschleife).

Der breite Weg führt weiter zu einem Wegdreieck mit dem **Denkmal** ❷ für einen Förster. Knapp 100 m vorher führt links ein kurzer Pfad zum **Steinernen Tisch**, einer steinernen Rastanlage, die ab Ende des 18. Jh. herrschaftlichen Jagdgesellschaften als Rastplatz diente. Am Wegdreieck wendet sich der Neckarsteig links einem leicht ansteigenden Holzabfuhrweg zu. Fast 2 km nach der Hoppehütte, am Wegweiser „Zur Kortelshütte 30 Minuten", biegen Sie scharf rechts und wenige Minuten später scharf links abwärts ein und bleiben dabei auf breiten Wegen.

Es öffnet sich später der Blick auf das in Wiesen eingebettete Dörfchen **Igelsbach** ❸. Dieses stellt ein Kuriosum dar, weil die Landesgrenze Hessen/Baden-Württemberg mitten durch den Ort verläuft. Der südwestliche Teil des Dorfes gehört zum hessischen Hirschhorn, der nordöstliche zum badischen Eberbach.

Anschließend wird der Tannenkopf entgegen dem Uhrzeigersinn halb umrundet, zuletzt auf einem mit Bauschutt für Schwerlastverkehr verstärkten Forstweg. Dann führt der Neckarsteig scharf rechts an der linken Seite eines meistens ausgetrockneten Bachs in den Gretengrund hinab.

Das **Waldklassenzimmer Eberbach** ❹ wird ca. 3 km nach dem Abzweig zur Kortelshütte erreicht. Die Hütte ist Standort für quirlige Schulklassen und bleibt für den Wanderer verschlossen, bietet aber Rastgelegenheit und im Notfall Schutz vor den Unbilden des Wetters.

Nachdem der Neckarsteig bereits seit etwa 3 km Schotterwegen gefolgt ist, verläuft er ab dem Waldklassenzimmer auf einem sich auflösenden Teerweg. Dieser wird nach ca. 700 m zugunsten eines links zum Böser Berg aufsteigenden Schotterwegs verlassen.

↳ Empfohlene schönere Variante:

Nach der scharfen Rechtskurve des Forstweges mit der Bauschuttdecke zweigt nach gut 200 m rechts über einem aufwendig gestalteten Durchlass des meistens trockenen Bachs ein Waldweg ab. Er läuft rechts oberhalb des Bachs in den Gretengrund hinab und trifft auf den Teerweg vom Waldklassenzimmer, wo der Neckarsteig zum Böser Berg emporführt. Unterwegs können Sie auf einem steilen Waldpfad zum Waldklassenzimmer absteigen und anschließend über einen Erdweg am rechten Bachufer entlang die Variante wieder erreichen.

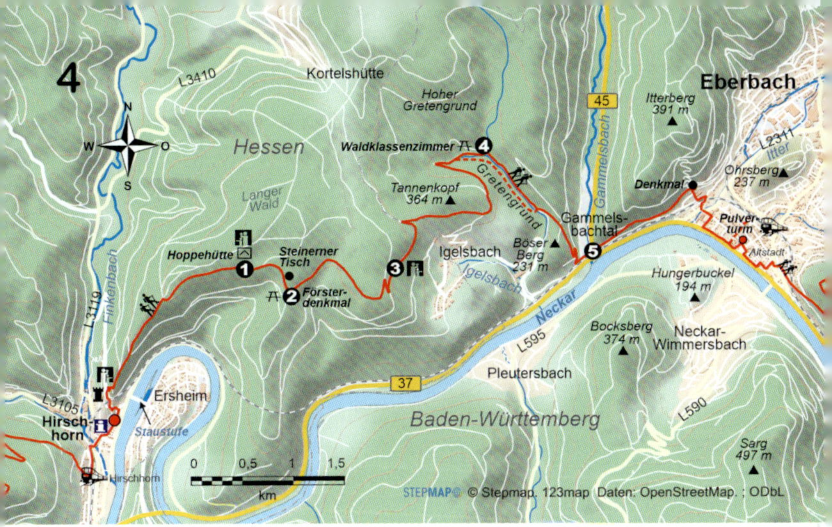

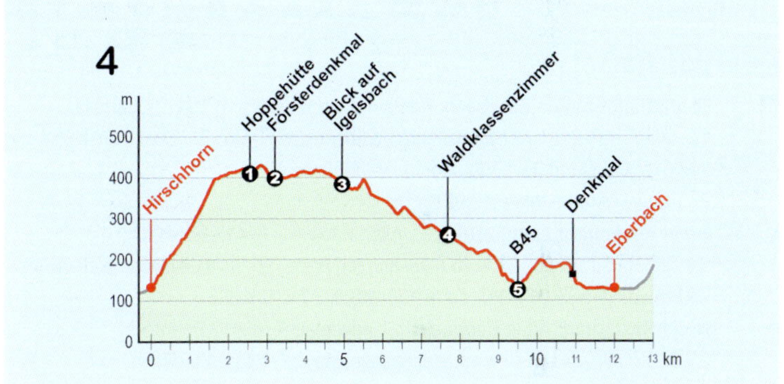

In einer Linkskurve des Schotterweges auf dem **Böser Berg** zweigt rechts ein schöner Pfad ab. An den zunehmenden Verkehrsgeräuschen bemerken Sie, dass es hinab ins Neckartal geht. Vor der Bahnlinie wandern Sie nach links, queren im Gammelsbachtal die **B45** ❺ und laufen etwa 150 m auf Asphalt weiter parallel zur Bahn. Dort steigt ☝ ein schmaler Pfad in den Wald hinauf. Er leitet Sie anschließend ohne größere Höhenunterschiede 10 bis 15 Min. lang aussichtsreich durch den Hang und setzt sich als Kiesweg fort. Wenige Meter nachdem links ein kleines Denkmal passiert wurde, steigt ein Pfad in das Tal ab. Vor der Bahntrasse wenden Sie sich nach links, überqueren die Bahnlinie und das Flüsschen **Itter**. So kommen Sie zu einer viel befahrenen Straßenkreuzung an einer Tankstelle.

Durch die Friedrich-Ebert-Straße und links durch die Luisenstraße erreichen Sie den Bahnhof.

Das Logo des Neckarsteigs leitet Sie nun Richtung Neckarufer und durch die Neckaranlage zum Pulverturm, wo Sie den Beginn der sehenswerten Altstadt von **Eberbach** erreichen. Belohnen Sie sich selbst und genießen Sie einen wunderschönen Abschluss der heutigen Wanderung. Schlendern Sie durch die Altstadtgassen mit ihren mittelalterlichen Relikten und kehren Sie in einer der gemütlichen, zum Teil historischen Gaststätten mit ihren Biergärten ein.

Eberbach

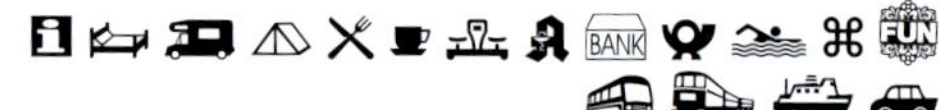

www.eberbach.de

Tourist-Information Eberbach, Rathaus, Leopoldsplatz 1, 69412 Eberbach, ☏ 062 71/87-242, tourismus@eberbach.de, Mo, Di, Do 10:00-12:00 und 14:00-17:00, Mi 10:00-12:00 und 14:00-18:00, Fr 10:00-12:00, zusätzl. Mai bis Okt Fr 14:00-17:00, Sa 10:00-12:00

Hotel Restaurant Zum Karpfen***, Alter Markt 1-3, 69412 Eberbach, ☏ 062 71/80 66 00, www.hotel-karpfen.com, kontakt@hotel-karpfen.com, 78 Betten, ÜF: EZ € 82-112, DZ € 138-148, MBZ € 186-208

♦ **Hotel-Restaurant Altes Badhaus*****, Lindenplatz 1, 69412 Eberbach, ☏ 062 71/945 64 06, www.altesbadhaus.de, info@AltesBadhaus.de, 12 Betten, ÜF: EZ ab € 69, DZ ab € 98, zzgl. Frühstück € 12,50 p. P.

♦ **Gasthof Grüner Baum**, Neckarstr. 51, 69412 Eberbach, ☏ 062 71/924 00, www.gruener-baum-eberbach.de, gasthof-gruener-baum@t-online.de, 18 Betten, ÜF: EZ € 65-75, DZ € 100-110, MBZ € 150-300

♦ **Gasthof Zur Linde**, Dr.-Mantel-Weg 3 (linke Neckarseite), 69412 Eberbach, ☏ 062 71/710 61, www.zurlinde-eberbach.de, gasthaus.linde@freenet.de, 42 Betten, ÜF: EZ € 45-52, DZ € 85-90, MBZ € 130

Wohnmobilstellplätze: an der B37 nordöstl. der Neckarbrücke für max. 1 Tag, kostenfrei, sowie gebührenpflichtig an der Sportanlage In der Au Nähe Frei- und Hallenbad am linken Neckarufer, mit Entsorgungsstation

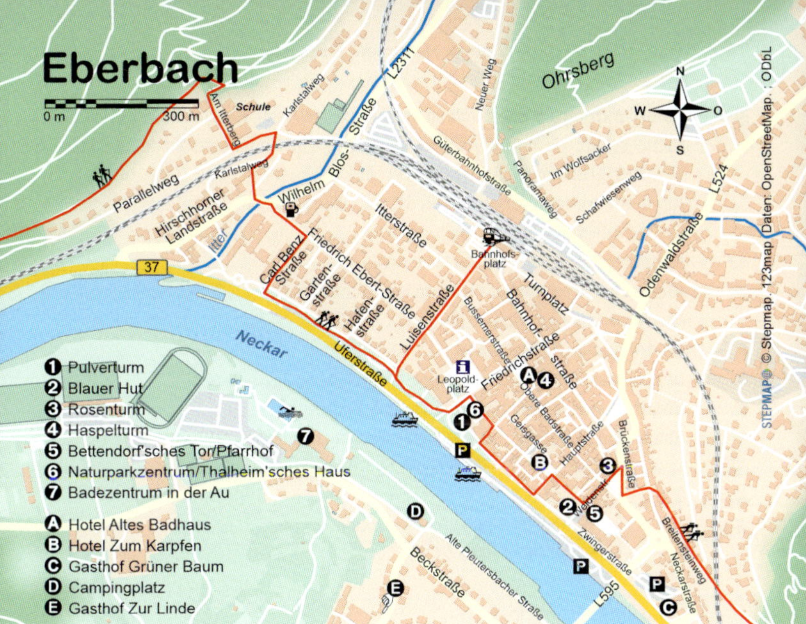

⛺ ✕ **Campingpark Eberbach**, Alte Pleutersbacher Str. 8 (linke Neckaraue), 69412 Eberbach, ☏ 062 71/10 71, 💻 www.campingpark-eberbach.de, ✉ info@campingpark-eberbach.de, Preise siehe Homepage, 🚪 April bis Okt, Restaurant, Kiosk

🏊 **Badezentrum in der Au**, 69412 Eberbach, Freibad und Hallenbad mit Sauna, ☏ 062 71/76 11, 💻 www.stadtwerke-eberbach.de, ✉ badezentrum@sw-eberbach.de, 🚪 Freibad: Mitte Mai bis Mitte Sep, Hallenbad: Mitte Sep bis Mitte Mai, Zeiten siehe Homepage

⌘ **Museum der Stadt Eberbach** am Alten Markt, 69412 Eberbach, ☏ 062 71/16 64, 💻 www.museum-eberbach.de, 🚪 Di und Fr 15:00-17:00, Sa und So 14:00-17:00 und nach Vereinbarung

♦ **Küferei-Museum**, Pfarrhof 4, 69412 Eberbach, ☏ 062 71/27 04, 🚪 Mai bis 1. Oktoberwochenende Fr bis So und Fei 14:00-17:00 und nach Vereinbarung, altes Handwerk im Pfarrhof

♦ **Zinnfigurenkabinett** im Haspelturm, 69412 Eberbach, ☏ 062 71/30 20, 🚪 Mai bis Okt Mi und Sa 15:00-17:00, So und Fei 14:00-17:00 und nach Vereinbarung

⌘ **Naturparkzentrum Eberbach** im Thalheimschen Haus, Kellereistr. 36, 69412 Eberbach, ☏ 062 71/94 22 75, 💻 www.naturpark-neckartal-odenwald.de, Di bis Do 14:00-16:30 und nach Vereinbarung

☺ **Altstadtführungen** vom 1. Mai bis 31. Okt jeden Sa um 10:30 ab Tourist-Information, für Gruppen nach Vereinbarung

Bärlauchtage, Mitte März bis Mitte April

♦ **Altstadtfest Eberbacher Frühling**, am Wochenende nach Christi Himmelfahrt, u. a. Musikdarbietungen und Volksläufe

♦ **Ostermarkt** in der Stadthalle

♦ **Lebendiger Neckar**, 3. So im Juni, 💻 www.lebendigerneckar.de

♦ **Eberbacher Kuckucksmarkt**, Volksfest, Ende Aug

♦ **Eberbacher Apfeltag**, verkaufsoffener Sonntag und Musik, 3. So im Okt

Linie 804 (Eberbach Bf. – Igelsbach)

S 1/S 2, RE 1 und R 81

Taxi Sahin: ☏ 062 71/833 93 93, Taxi Braho: ☏ 062 71/33 44, Taxi Farhardi: ☏ 062 71/407 01 58

Lindenplatz mit Haspelturm

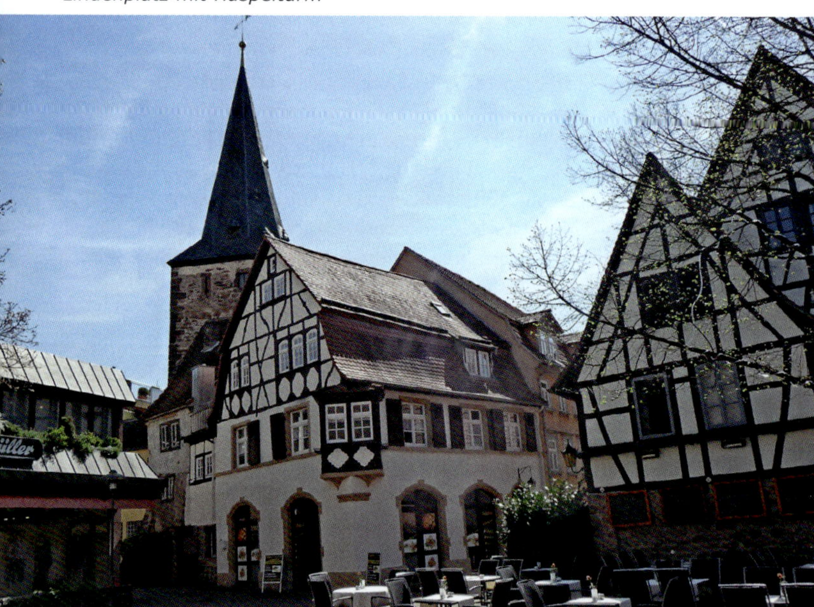

Das Adelsgeschlecht der Herren von Eberbach ist seit 1196 bekannt. Burg Eberbach wurde 1227 und die Stadt 1321 erstmals urkundlich erwähnt. Burg und Stadt wurden 1330 an den Pfalzgrafen zu Rhein verpfändet und später in die Kurpfalz eingegliedert. Die Burg wurde 1402 von Hans von Hirschhorn geschleift, ihre Ruinen erst in neuerer Zeit der Vergessenheit entrissen und ausgegraben. Seit 1806 ist Eberbach badisch.

Fliegerbomben des Zweiten Weltkrieges und die übliche Flächensanierung Anfang der 70er-Jahre des letzten Jahrhunderts haben die seit dem Bau der Neckaruferstraße 1961 vom Durchgangsverkehr entlastete Altstadt nur teilweise zerstört. Die mittelalterliche Stadtbefestigung ist noch gut zu erkennen. Sie zeigt sich besonders im markanten zweiflügeligen Pulverturm im Nordwesten, dem nach seinem blau schimmernden Schieferdach benannten „Blauen Hut“ im Südwesten, dem klotzigen Haspelturm nordöstlich und dem Rosenturm aus dem 13. Jh. im Südwesten der Altstadt.

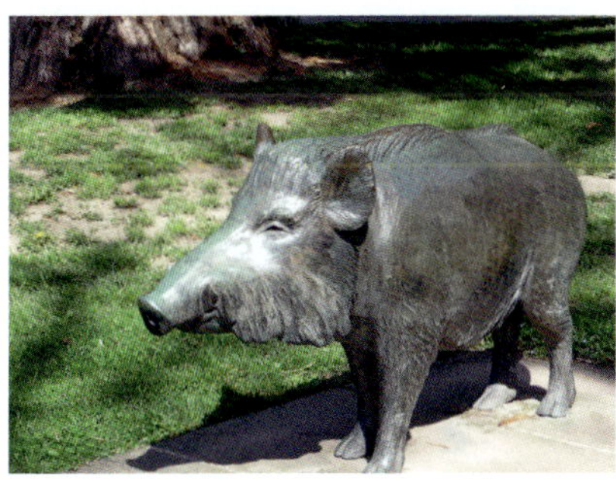

Namensgeber von Eberbach

Der Besucher trifft auch auf beeindruckende Fachwerkhäuser. Das älteste Steinhaus der Stadt, das Thalheim'sche Haus, war ursprünglich Sitz des kurpfälzischen Amtskellers (Verwaltung) und ist heute Informationszentrum des Naturparks Neckartal-Odenwald.

Eine Besonderheit von Eberbach sind die Sgraffito-Dekore des Eberbacher Kunstmalers Richard Hemberger, besonders beeindruckend zu sehen am Hotel Zum Karpfen (☞ 📷 S. 79) und am Haus Krabbenstein. Bei der Sgraffito-Kratztechnik werden die Motive durch Freilegen der verschiedenfarbigen Putzschichten herausgearbeitet. Außergewöhnlich sind auch die vielen Brunnen in der Stadt, die häufig vergangene Handwerke darstellen.

Die Entdeckung der Altstadt von Eberbach und die Einkehr in den historischen Gaststätten und der Außengastronomie auf den heimeligen Plätzen ist ein eindrucksvolles Erlebnis. Es sollte ausreichend Zeit und Muße eingeplant werden!

5. Etappe: Eberbach – Neunkirchen

18 km, 5 Std., ↑ 710 m, ↓ 510 m, ⇧ 128-399 m

0,0 km	⇧ 128 m	Eberbach, Thononplatz
2,8 km	⇧ 295 m	Ludwig-Neuer-Hütte
4,1 km	⇧ 375 m	Scheuerberg
6,0 km	⇧ 270 m	Hof Breitenstein
6,9 km	⇧ 312 m	Ernst-Hohn-Hütte
7,8 km	⇧ 227 m	Teufelskanzel
11,3 km	⇧ 130 m	Staustufe Rockenau
13,1 km	⇧ 210 m	Burgruine Stolzeneck
15,9 km	⇧ 366 m	Reihersee
18,0 km	⇧ 325 m	Neunkirchen

Der Neckarsteig folgt im ersten Viertel des Weges dem informativen Eberbacher Pfad der Flussgeschichte. Die Flussseite wird gewechselt, was mit Ab- und Aufstieg verbunden ist. Auf den letzten 13 km des Weges bis Neunkirchen gibt es keine Einkehrmöglichkeit.

☺ Die Altstadt von Eberbach bietet so viele sehenswerte Gassen und Plätze, so viel zum Betrachten und zum Verweilen, dass darüber vergessen werden kann loszumarschieren. Schauen Sie zwischendurch auf die Uhr, sonst kann am Ende die Zeit drängen!

☺ Wenn Sie mit der Bahn anreisen, laufen Sie vom **Bahnhof** geradeaus die Luisenstraße Richtung Neckarufer hinunter. Dort treffen Sie auf die Markierung des Neckarsteigs und folgen ihr nach links bis vor die Stadtmauer mit dem Pulverturm.

Am Thononplatz liegt das Naturpark-Informationszentrum. In der Kellereistraße und dann rechts in der Binetzgasse bekommen Sie einen kleinen Eindruck von der Altstadt. Dann gehen Sie links an der überbauten Stadtmauer entlang und biegen in die Hauptstraße ein. Am Eckhaus staunen Sie über die unglaubhaft erscheinenden Hochwassermarken. Hier stand bis 1813 der Neckarturm der Stadtbefestigung. Der Alte Markt wird

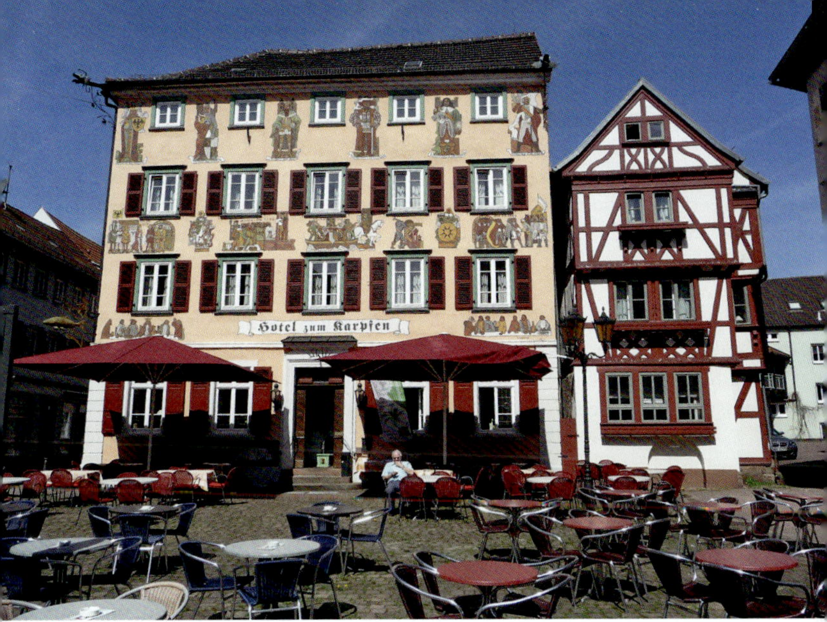

Sgraffito-Malerei am Hotel Zum Karpfen

vom Hotel Zum Karpfen mit seiner auffälligen Sgraffito-Malerei beherrscht. Rechts durch die Pfarrgasse kommen Sie zum Bettendorfschen Tor. Es wird vom Ensemble des ehemaligen kaiserlichen Stadtschlosses und späteren Adelssitzes Der Hof sowie vom Bettendorfschen Haus aus dem Jahr 1500 flankiert. Durch das Tor nach links verlassen Sie die Altstadt und erreichen entlang der äußeren Stadtmauer den Rosenturm (ehemals Roßbrunnerturm) aus dem 13. Jh.

Der Neckarsteig führt hinter dem **P** Parkplatz halb rechts auf dem Breitensteinweg aus der Stadt hinaus. Nach knapp 400 m auf Asphalt setzt sich der Steig am Hinweisschild „Zufahrt Hotel Neckarblick" geradeaus auf einem Waldweg fort. (Bis zur Teufelskanzel nutzt der Neckarsteig den **Eberbacher Pfad der Flussgeschichte** mit der Markierung in Form eines gelben F und Informationstafeln mit ausführlichen Erläuterungen zu den geologischen Abläufen und Begleiterscheinungen der Entstehung und der Wandlungen des Neckars.) Nach etwa 1 km wird eine Straße erreicht. Sie folgen ihrer S-Kurve aufwärts und biegen dem Hinweis „Aussichtsweg **Ludwig-Neuer-Hütte**" folgend ab.

Der Weiterweg führt im oberen Hang zurück Richtung Eberbach. Nach gut 800 m ist die ⌂ **Ludwig-Neuer-Hütte ❶** mit Blick auf das Eberbacher Neckarknie erreicht (ca. 45 Min. ab Eberbach). Eine Informationstafel erläutert die rückschreitende Erosion des Neckars. Ca. 150 m oberhalb liegt die Fundstelle des sogenannten „Roten Krokodils von Eberbach": ein ca. 250 Mio. Jahre alter Fußabdruck eines Sauriers im roten Buntsandstein.

Für die nun folgenden besonders schönen Schleifen von der Ludwig-Neuer-Hütte über den Scheuerberg und den Schollerbuckel zur Teufelskanzel benötigen Sie 1 Std. 30 Min. Der Neckarsteig verlässt nach einem Umspannwerk den Weg und steigt auf einem Waldpfad zum ⇧ 377 m hohen **Scheuerberg ❷** auf. Tafel 9 des Eberbacher Pfades zur Flussgeschichte klärt Sie darüber auf, dass Sie sich hier in einem ehemaligen Flussbett des Neckars befinden. Sie wandern auf Graswegen durch eine hübsche, halb offene Landschaft hinab zum Kühboden, der nächsten Neckarterrasse. Noch auf dem Plateau wendet sich der Neckarsteig scharf nach rechts. Kurz danach treffen Sie auf einen hoffentlich sonnigen Rastplatz inmitten einer Streuobstwiese. Die Landschaft wird von den Schafen des **Städtischen Hofes Breitenstein** frei gehalten.

Sie wandern, begleitet vom Blöken der Schafe, zur Schäferei ❸ hinab und entfernen sich nach links. Im Frühjahr und Sommer können Sie hier leuchtende Blumenfelder näher in Augenschein nehmen. Von der Vielzahl der auf dem Gelände wachsenden Apfelsorten werden Sie beeindruckt sein. Ein Rastplatz und ein im Sommer ausgetrockneter Brunnen werden

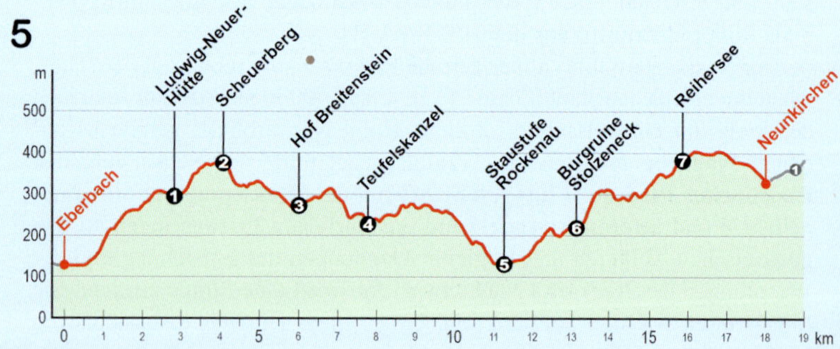

passiert. An einer Eiche verlassen Sie den Betonweg zugunsten eines Grasweges in einer scharfen Rechtskurve. Sie wandern nun durch Wiesen zum höchsten Punkt (⇧ 318 m) des **Schollerbuckels** mit seinen mächtigen Eichen und Rosskastanien und der ⌂ 🚻 **Ernst-Hohn-Hütte** hinauf.

Von dort geht es steil bergab und dann links auf schönen Wegen zur 🚻 **Teufelskanzel ❹**. Dieser Aussichtspunkt über der kompakten Buntsandsteinwand eines ehemaligen Steinbruches bietet einen Ausblick auf den Neckar mit der Staustufe Rockenau. Anschließend zieht sich ein schöner Pfad durch den mit Eichen bestandenen Hang bis zu einem Forstweg. Nach knapp 1,4 km auf Schotter biegen Sie rechts in einen Grasweg ein, der in das kleine Seitental des Klingengrabens hinein- und wieder hinausläuft. Nachdem ein Haus passiert wurde, unterquert der Neckarsteig die Bahnlinie und führt an der Bundesstraße 37 entlang zur **Staustufe Rockenau ❺** (30 Min. von der Teufelskanzel). Vom Steg aus können Sie das Schleusen der Schiffe beobachten (☞ 📷 S. 8-9).

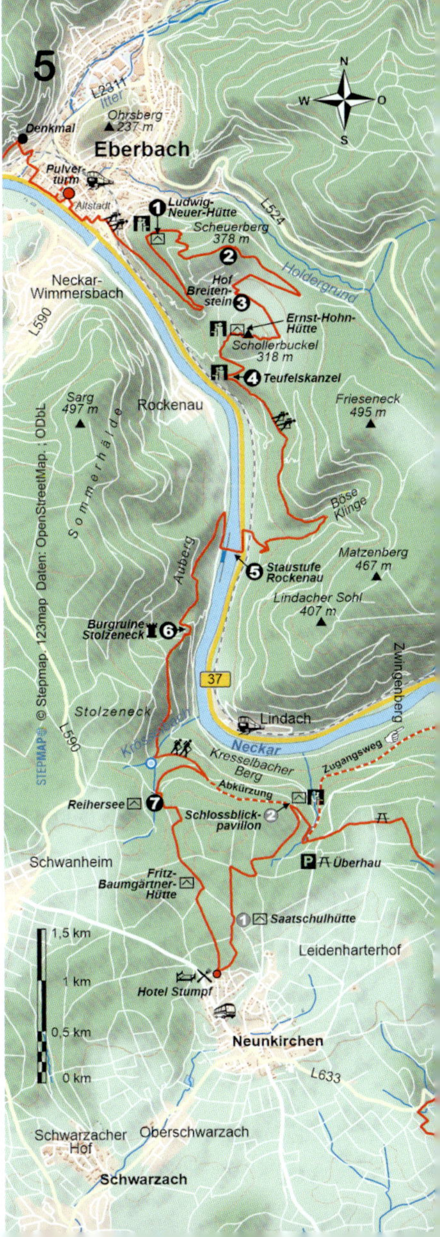

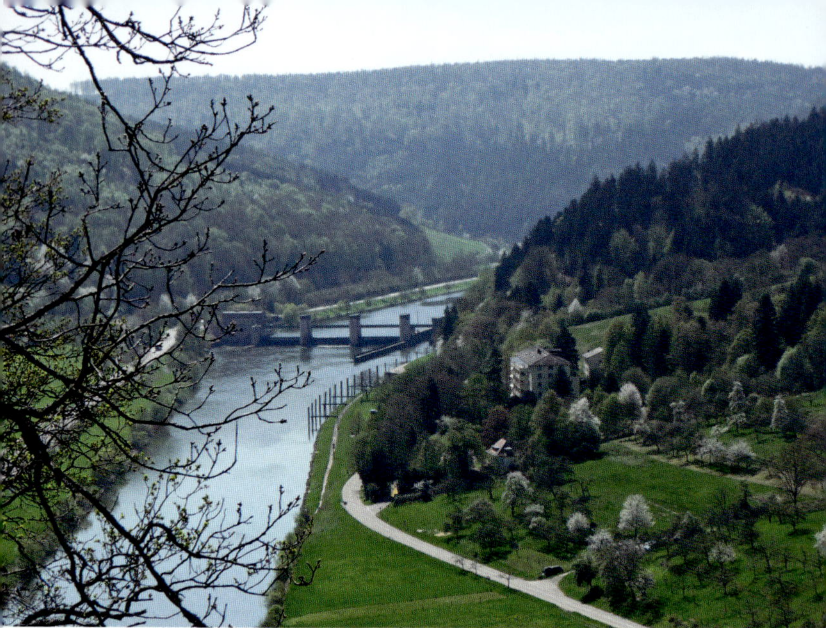

Neckar bei Rockenau

Sie wandern nun zunächst ein Stück neckarabwärts, bevor Sie scharf links abbiegen und auf einem Schotterweg etwa 1 km im Wald aufsteigen. Anschließend leitet Sie wiederum links ein Waldweg weiter, von dem Sie in weniger als 10 Min. links in einen Pfad abbiegen, der Sie über einen Bach zur ♜ **Burgruine Stolzeneck ❻** bringt.

♜ Burgruine Stolzeneck

Stolzeneck dürfte um 1200 als staufische Reichsburg gegründet worden sein. Sie wurde im Jahr 1284 vom Rheingrafen durch Kauf erworben und in der Folgezeit umgebaut. Im Jahr 1610 wurde die Burg verlassen und verfiel zur Ruine. Die noch erhaltene imposante, 21 m hohe und fast 3 m dicke Schildmauer über dem tiefen Halsgraben kann bestiegen werden. Vom ehemals vierstöckigen Palas stehen noch die Außenmauern.

in der Vorburg

Nachdem Sie die Burg verlassen haben, steigen Sie zum höchsten Punkt über dem Halsgraben auf. Nun geht es auf einem Pfad schweißtreibend den

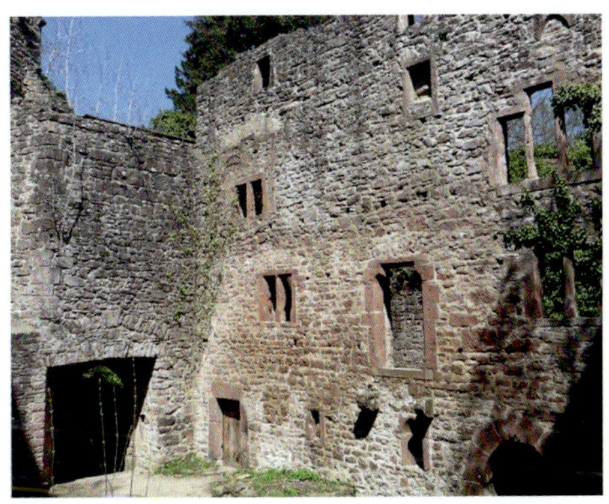

Burgruine Stolzeneck

Bergrücken aufwärts. Ab einer Kreuzung breiterer Wege führt ein schöner, sehr schmaler Pfad durch den steilen, bewaldeten Hang. Nach etwa 15 Min. weist ein Schild an einem Baum des Wilden Waibelberges auf die oberhalb des Steigs liegende Felshütte mit herrlichem Blick ins Neckartal hin. Anschließend umlaufen Sie das winzige **Krösselbachtal** und treffen dabei auf die gefasste 💧 Krösselbachquelle.

Der Pfad setzt sich bis zu einem Forstweg fort. Etwa 45 Min. nach der Burg Stolzeneck erreichen Sie den Beginn einer Abkürzung zum S-Bahn-Haltepunkt Zwingenberg.

↳ Nach links wird Ihnen, markiert mit einem grünen „N“, eine **Abkürzung** angeboten, mit der Sie Neunkirchen umgehen können. Wenn Sie dieser folgen wollen, wandern Sie auf dem Pfad weiter bis zu einem Forstweg und dort links.

Sie kommen am Bergbrunnen vorbei zum ⌂ 👁 **Schlossblick-Pavillon**, wo Sie das Schloss Zwingenberg am gegenüberliegenden Neckarhang erblicken (📷 S. 12-13). Hier treffen Sie wieder auf die Hauptroute des Neckarsteigs, die von Neunkirchen herangeführt wird. (☞ Weiterweg Richtung Minneburg und Abzweig nach Zwingenberg und zur dortigen S-Bahn-Station siehe 6. Etappe, S. 88!)

Wählen Sie an der Verzweigung nicht die Abkürzung, sondern den **Hauptweg nach Neunkirchen**, so gehen Sie auf dem Forstweg (Birkenweg) nach rechts. Nach gut 250 m kommen Sie zu einer ⌂ Hütte, die bei schlechtem Wetter Schutz und einen 👁 Ausblick auf die Staustufe Rockenau bietet. Kurz danach liegt der sehr kleine **Reihersee** ❼ mit gleichnamiger ⌂ Schutzhütte vor Ihnen.

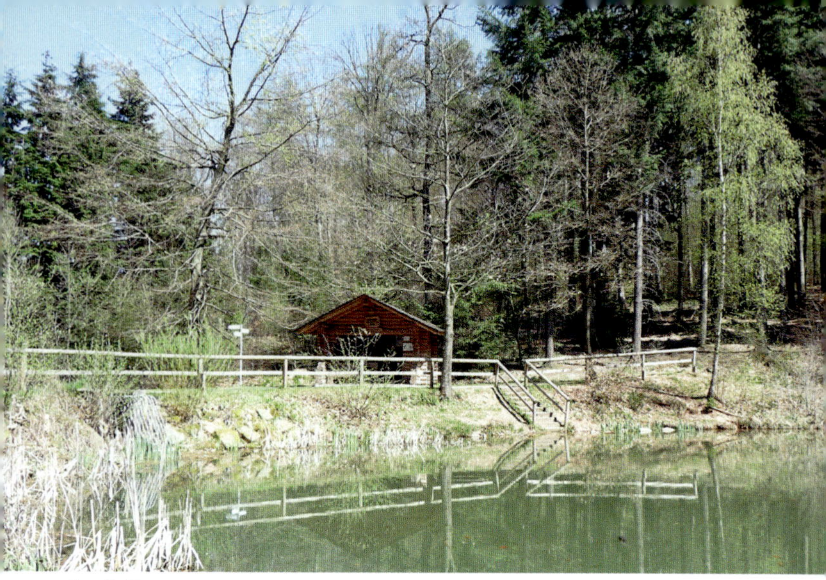

Am Reihersee

Sie werden vor der Hütte auf einen Forstweg hinaufgeführt. Auf diesem gehen Sie erst rechts, dann links in den Rückenweg und an einem Hochsitz rechts in einen Waldweg. So erreichen Sie den **Wildsaufang**. Es handelt sich um die verkleinerte Nachbildung einer Box, in die nach dem Zweiten Weltkrieg Wildschweine gelockt wurden, um deren Population zu begrenzen und zur Nahrungsversorgung der hungernden Bevölkerung beizutragen.

Wenige Meter danach heißt es rechts abbiegen, um zur 400 Jahre alten **Hohen Eiche** zu gelangen. Dann folgen Sie wieder dem Forstweg (Gürtelweg) nach links. An der Kreuzung mit der **Fritz-Baumgärtner-Hütte** geht es weiter geradeaus auf dem Alten Eberbacher Weg, dem Sie bald nach rechts folgen. Nachdem Sie die Hochspannungsleitung unterquert haben, wandern Sie sogleich links ca. 400 m durch den Laubwald bis zum Hotel Stumpf am Ortsrand von **Neunkirchen** (30 Min. vom Reihersee).

Wer hier nicht übernachten möchte, läuft den Zeilweg hinunter zur Schwanheimer Straße und zur dortigen Bushaltestelle „Neunkirchen-Siedlung“. Der letzte Bus der Linie 822 nach Eberbach fährt Mo bis Fr um 17:04, Sa um 12:56, So gibt es keine Verbindung. Busse der Linie 822 nach

Mosbach-Neckarelz Bf. und Aglasterhausen Bf. verkehren ab der Haltestelle „Ludwigstraße“ (laufen Sie auf der Schwanheimer Straße abwärts in das Ortszentrum!); letzte Verbindungen: Mo bis Fr 19:29, Sa 16:50, So 18:30.

Neunkirchen

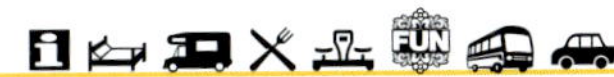

www.neunkirchen-baden.de

Gemeindeverwaltung, Marktplatz 1, 74867 Neunkirchen, 062 62/92 12-0, post@neunkirchen-baden.de, Mi bis Fr 8:00-12:00, Mo 14:00-16:00, Do 14:00-18:00

NaturKulturHotel Stumpf****, Zeilweg 16 (am Neckarsteig, Ortsrand), 74867 Neunkirchen, 062 62/92 29-0, www.hotel-stumpf.de, info@hotel-stumpf.de, 50 Zimmer, ÜF: EZ ab € 91, DZ ab € 178, MBZ ab € 281, Wellness und Beauty, Hallenbad, P

Gästehaus Marlies, Zeilweg 14, 74867 Neunkirchen, 062 62/955 56, www.ferienwohnungen-edinger.de, info@ferienwohnungen-edinger.de, Ferienwohnungen für 2 bis 4 Personen (60/70 m², Whirlpool), Preisstaffelung nach Aufenthaltsdauer und Personenzahl

Wohnmobilstellplatz: Festplatz, Zwingenbergerstraße, 74867 Neunkirchen (Infos bei der Gemeindeverwaltung)

Linie 822 nach Aglasterhausen (S 5/R 79) und Mosbach (S 1/S 2) sowie nach Eberbach (S 1/S 2), Linie 839 ab Ludwigstraße nach Neckarkatzenbach und Neckargerach (S 1/S 2)

Taxi Herrmann (Mosbach): 08 00/097 11 11

♦ Ruftaxi zwischen Neunkirchen-Marktplatz, Neckarkatzenbach und Bahnhof Neckargerach (nur Sa, So, Fei), mindestens 1 Std. bzw. Gruppen zwei Werktage vor Abfahrt unter 06 21/107 70 77 bestellen

In der Gemeinde Neunkirchen leben heute einschließlich des 1972 eingemeindeten Dorfes Neckarkatzenbach ca. 1.800 Einwohner. Beide Dörfer entstanden im 11. Jh. auf Initiative des Bistums Worms als Rodungsinseln im Kleinen Odenwald. Im 13. Jh. gehörte das Gebiet zum Reichsterritorium der Kaiserpfalz Wimpfen. Nach dem Machtverlust der Staufer lag das Dorf im Herrschaftsbereich der umliegenden Burgen.

Mit dem Kauf der Minneburg 1349 kam Neunkirchen zur Pfalz, wo es bis zur Auflösung der Kurpfalz 1803 verblieb, bevor es in das Großherzogtum Baden eingegliedert wurde.

6. Etappe: Neunkirchen – Neckargerach

18 km, 4 Std. 30 Min., ↑ 320 m, ↓ 470 m, ⇧ 132-381 m

0,0 km	⇧ 325 m	Neunkirchen
0,8 km	⇧ 369 m	Saatschulhütte
2,5 km	⇧ 370 m	Schlossblick-Pavillon
4,9 km	⇧ 331 m	Kellersbrunnenhütte
7,2 km	⇧ 259 m	Ruine Minneburg
10,3 km	⇧ 200 m	Neckarkatzenbach
11,2 km	⇧ 245 m	Kalkofenhütte
16,3 km	⇧ 133 m	Grillhütte Guttenbach
18,0 km	⇧ 160 m	Neckargerach BANK P

Die heutige Etappe verläuft mit sehr geringen Höhenunterschieden fast ausschließlich auf breiten Wegen – bestens geeignet zum Wandern in der Gruppe oder für eine einsame Wanderung mit innerer Einkehr. Unterwegs besteht keine Einkehrmöglichkeit!

☺ Wer nicht in Neunkirchen übernachtet hat und mit dem Bus anreist, benutzt am besten die Linie 822. Von Eberbach kommend liegt die Haltestelle „Neunkirchen-Siedlung" sehr günstig. Sie biegen erst in die Pattbergstraße, dann in den Zeilweg ein und erreichen nach ca. 300 m den **Einstieg am Hotel Stumpf**. Wer von Mosbach-Neckarelz oder Aglasterhausen kommt, verlässt den Bus an der Endstation „Ludwigstraße" und läuft durch den Ort und die Schwanheimer Straße hinauf und durch den Zeilweg zum Hotel.

Am Waldrand, am **Wegweiser Neunkirchen**, beginnt die Etappe über Minneburg und Neckarkatzenbach nach Neckargerach. Sie folgen der Wegweisung in einen Waldweg hinein und halten sich vor den Sportplätzen links. (Achtung! Kleine Baumstümpfe bilden Stolperfallen!) Etwa 15 m rechts des Weges erinnert ein Gedenkstein (**Prinzenstein**) an das weltbewegende Ereignis, dass hier am 30. November 1886 Prinz Ludwig Wilhelm von Baden sein Frühstück eingenommen hat.

Nur kurz geht es auf Teer nach links, dann zweigt an der **Saatschulhütte ❶** mit Rastplatz rechts der breite Hohenbaumweg ab. Sie wandern nun

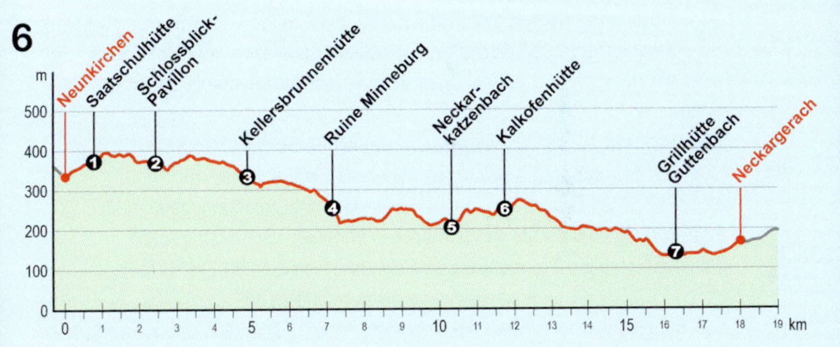

ausschließlich auf breiten Forstwegen: rechts über den Reitweg, dann links über den Gürtelweg, der wieder rechts in den Eberbacher Weg umbiegt. Endlich zweigt der Neckarsteig links hinauf in einen Grasweg ab. Sobald Sie rechts durch eine schmale Schneise Schloss Zwingenberg erblicken, steigen Sie nach 30 Min. auf schmalem Pfad zum Schlossblick-Pavillon ab.

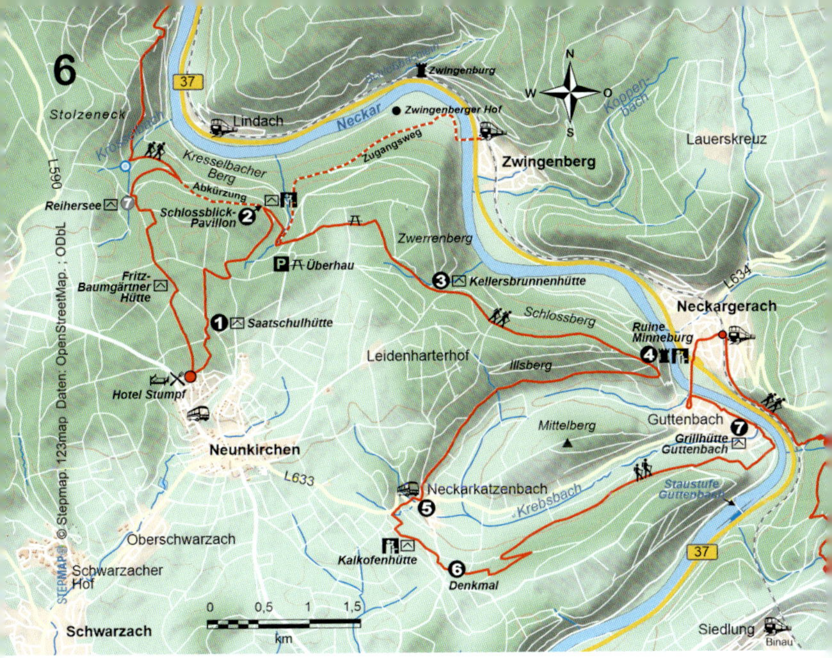

Am **Schlossblick-Pavillon ❷** laufen Sie rechts über den Forstweg bis zu einer Wegkreuzung. Hier folgen Sie geradeaus dem Erdweg hinab zum Bach, an diesem wandern Sie kurz aufwärts und links auf einem Pfad über ihn hinweg. Sie queren dann das Asphaltsträßchen von Neunkirchen nach Zwingenberg in den Förstelweg. (Rechts, 150 m die Straße aufwärts, liegen der Parkplatz Überhau und eine Waldhütte.)

Zugang nach Zwingenberg

Auf dem wenig befahrenen Asphaltsträßchen abwärts können Sie nach 3,4 km – ca. 40 Min. – die S-Bahn-Station Zwingenberg erreichen, von der aus Sie nach Eberbach zurückfahren können. Auch Einkehren und Übernachten ist in Zwingenberg möglich.

Zwingenberg

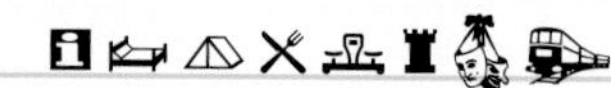

www.zwingenberg-neckar.de

Bürgermeisteramt Zwingenberg, Alte Dorfstr. 8, 69439 Zwingenberg, 062 63/451 52, info@zwingenberg-neckar.de, Mo, Do 8:00-12:00, Di 16:00-18:00

Naturfreundehaus Zwingenberger Hof und Campingplatz, Im Hoffeld 7-8 (linkes Neckarufer), 69439 Zwingenberg, 062 63/96 10 87, www.naturfreundehaus-zwingenberg.de, Zwingenberger-Hof@naturfreunde-neckarbischofsheim.de, Gästehaus, Zeltplatz am Neckarufer, U in Bauwagen, Preise siehe Homepage, Gaststätte mit Biergarten

Pizzeria Castello, 69439 Zwingenberg, 062 63/271, Di bis So ab 10:00

Schloss Zwingenberg, 69439 Zwingenberg, 062 63/41 10 10, www.schloss-zwingenberg.de, sekretariat@schloss-zwingenberg.de, Besichtigung im Rahmen von (Gruppen-)Führungen, Schlossfestspiele

Schlossfestspiele Zwingenberg im Schlosshof von Schloss Zwingenberg, 062 63/771, www.schlossfestspiele-zwingenberg.de, info@schlossfestspiele-zwingenberg.de, Opern, Operetten und Konzerte Mitte Juli bis Anfang Aug

Der Ursprung von Burg Zwingenberg liegt wahrscheinlich im 12./13. Jh. in der Stauferzeit. Die Edlen von Zwingenberg wurden erstmals 1326 erwähnt. Im Jahr 1364 wurde die Burg geschleift und ab 1404 durch Hans von Hirschhorn im Wesentlichen so wieder errichtet, wie sie sich heute noch präsentiert. Später wurde die Burg kurpfälzisch, kam 1808 in badischen Familienbesitz und ist derzeit Wohnsitz von Prinz Ludwig von Baden. Bei den Schlossfestspielen wird regelmäßig „Der Freischütz" gespielt, weil Carl Maria von Weber angeblich durch die benachbarte Wolfsschlucht (die schönste von mehreren gleichen Namens am Neckar) zu dieser Oper angeregt wurde.

Das Fischerdorf Zwingenberg wurde 1326 erstmals urkundlich erwähnt. Die Neckarbrücke ersetzt seit 2011 die Fähre.

Den Weiterweg vom Asphaltsträßchen zur Minneburg zeigt ein Holzwegweiser mit 4,0 km an. Diese Strecke werden Sie ausschließlich auf breiten Forstwegen zurücklegen. Vom Wald werden Sie in das freie Feld geführt. Hier blicken Sie von einem ⛩ 🚻 Rastplatz in den Kraichgau und bis zum Nordschwarzwald.

Der Schotterweg führt in die Wolfsschlucht (es gibt mehrere am Neckar) mit der ⌂ **Kellersbrunnenhütte ❸** und einem trockenen Brunnen. Etwa 125 m danach nehmen Sie an der Wegkreuzung halb rechts den Brunnenweg (2,2 km zur Minneburg). Sie passieren den 💧 Burgbrunnen mit kleiner Bank und können durch das Laub der Bäume in das Neckartal hinabschauen. Auf dem schmaler werdenden Bergrücken vereint sich der Brunnenweg mit dem Illsbergweg und Sie erreichen nach 1 Std. 15 Min. die ♜ ⛩ 🚻 **Minneburg ❹**. Vom Wegweiser aus können Sie in die Burg hineingehen.

Wappenstein an der Minneburg

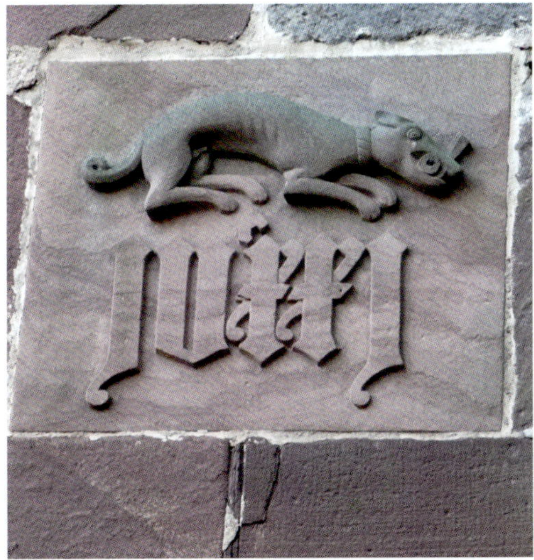

Ruine Minneburg

In der Vorburg finden Sie zwei Rastplätze. In die Hauptburg führt eine Rampe. Den ursprünglich dreistöckigen Palas können Sie über einen Treppenturm besteigen. Von dort oben haben Sie eine schöne Aussicht in das Neckartal mit Neckargerach und Guttenbach. Auffällig sind die Rundtürme an den Ecken der Burganlage, die an französische Burgen erinnern.

Meiden Sie die Nähe des im Nordosten gelegenen Schalenturms! Dieser war im Herbst 2012 extrem einsturzgefährdet. Im Frühjahr 2013 erfolgten Sicherungsmaßnahmen. Trotzdem sollten Sie den Turm weiterhin besser meiden.

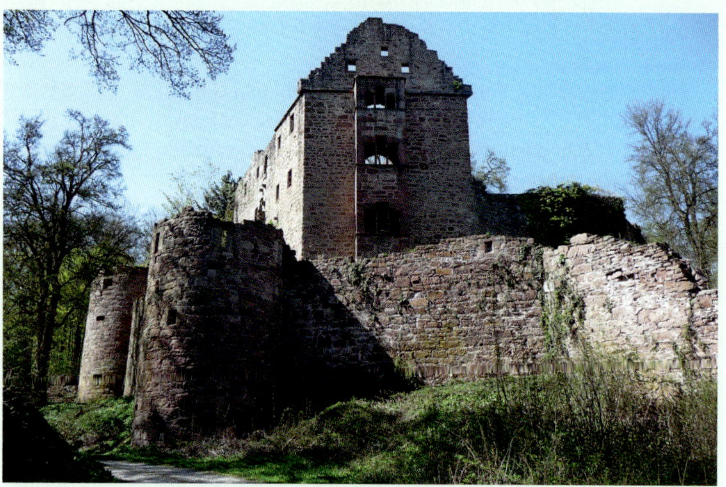

Ruine Minneburg

Die Ursprünge der Minneburg liegen im Dunkeln. Es darf vermutet werden, dass die Burg in staufischer Zeit entstand. Im Jahr 1349 kaufte sie Ruprecht I. von der Pfalz und verpfändete sie. Gegen 1521 erhielt Wilhelm von Habern die Burg als Lehen. Er baute sie aus und schuf den repräsentativen Palas. Nach dem Aussterben der Habern-Linie fiel die Burg an die Kurpfalz zurück. Im Dreißigjährigen Krieg wurde sie erobert und teilweise zerstört. Fortan diente sie als Steinbruch.

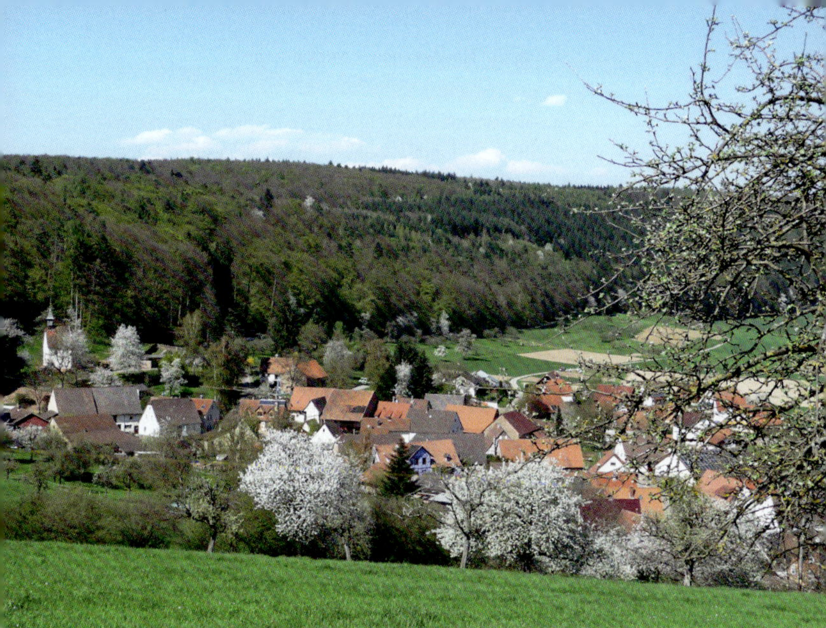

Neckarkatzenbach

Der Wegweiser des Neckarsteigs weist in einen Pfad, der in direkter Linie steil bis zu einem Querweg hinabführt. Sie gehen dort rechts. (🚆 An einer Wegkreuzung zeigt ein Hinweisschild den Weg zum 1,6 km entfernten S-Bahnhof Neckargerach.) Nun wandern Sie etwa 2,5 km ohne große Höhenunterschiede auf dem **Unteren Illsbergweg**, meistens dicht am Waldrand. Vom **P** Wanderparkplatz gehen Sie nach **Neckarkatzenbach** ❺ hinab bis zum Mahnmal, Brunnen und der Bushaltestelle.

Neckarkatzenbach (Ortsteil von Neunkirchen)

💻 www.neunkirchen-baden.de und (privat) neckarkatzenbach.de

ℹ ☞ **Gemeindeverwaltung Neunkirchen**

🛏 **Heuhotel Theuerweckl**, Finkenhof 1, 74867 Neckarkatzenbach, ☎ 062 63/97 32, 💻 www.heuhotel-theuerweckl.de, ✉ info@heuhotel-theuerweckl.de, Übernachtung für 25 bis 30 Personen, ÜF: Heulager € 26 p. P., Kammer ab € 37 p. P., Vesper am Abend möglich, Schlafsack und Handtuch sind mitzubringen, Pauschalen für Neckarsteig-Wanderer.

 Linie 822 nach Neunkirchen und Mosbach, zum Teil als Ruftaxi (mindestens 1 Std. vor Abfahrt unter ☏ 01 80/184 00 03 anrufen!), Linie 839 nach Neckargerach und Neunkirchen, überwiegend nur an Schultagen, nicht Sa, So und Fei

 Taxi Herrmann (Mosbach): ☏ 08 00/097 11 11

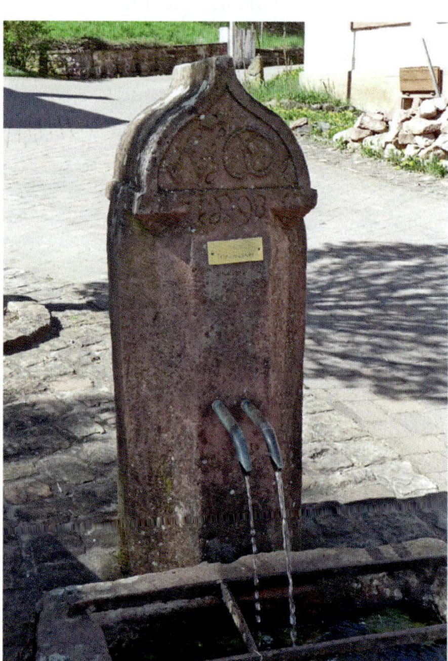

Brunnen in Neckarkatzenbach

Neckarkatzenbach liegt am steilen Prallhang der ehemaligen Neckarschleife. Es hat sich seinen angenehmen dörflichen Charakter weitgehend bewahrt. Seit 1972 gehört das etwa 150 Einwohner zählende Dorf zur Gemeinde Neunkirchen. Die Geschichte beider Orte verlief sehr ähnlich: Rodung und Besiedlung durch das Bistum Worms (erste urkundliche Erwähnung 1080), in staufischer Zeit Teil des Reichsterritorium der Pfalz in Wimpfen, danach Beherrschung durch die Burgmannen der Minneburg, bis 1803 Teil der Kurpfalz und danach des Großherzogtums Baden.

In **Neckarkatzenbach** folgen Sie der Markierung oder gehen rechts am ehemaligen Gasthof zum goldenen Adler vorbei zur ✞ katholischen Kirche hinauf. Dort steigen Sie über die Wiese auf und überqueren die kleine Schlucht des Krebsbachs auf einer Holzbrücke. Entlang eines Feldrains kommen Sie schließlich zu einem Schotterweg (rechts am Horizont sehen Sie die Kirchturmspitze von Neunkirchen) und auf ihm nach ca. 300 m zur ⌂ Kalkofenhütte. Von hier haben Sie den besten Blick auf die ehemalige Neckarschleife um den Mittelberg.

Der Schotterweg bringt Sie durch Obstwiesen zu einer Straße ⛰, auf der Sie hinablaufen. Vor der Linkskurve der Straße zweigt der Neckarsteig rechts gegen den Hang ab. Der Neckarsteig verläuft hangparallel am **Fritz-Baumgärtner-Gedenkstein ❻** vorbei durch Wiesen und Wald und eröffnet immer wieder schöne Aussichten auf die ehemalige Neckarschleife und den Mittelberg. Im Wald steigen Sie in einer Schleife ab. Schließlich setzt sich der Neckarsteig auf dem breiten und ziemlich geradlinigen Buschelweg am Waldrand fort. Noch einmal biegen Sie rechts in den Wald ab. Bereits über **Guttenbach** geht Ihr Weg in einen Asphaltweg über und verlässt diesen an einem Wasserwerk wieder. Durch Obstwiesen nähern Sie sich dem Neckar und dem Ort Guttenbach.

Guttenbach 

☞ Neckargerach

Ferienwohnung Haus Neckarblick***, Bachstr. 18, 69437 Guttenbach, ☏ 062 63/ 91 12 oder 524, www.fewo-neckarblick.de, fewo@fewo-neckarblick.de, Mindestaufenthalt 3 Tage, € 35 bis € 40 (2 Pers./Nacht), 50 m², P, Terrasse

Der heute etwa 300 Einwohner zählende und 1972 nach Neckargerach eingemeindete Ort Guttenbach wurde als Botenbach erstmals 792 im Lorscher Codex erwähnt. Er liegt genau dort, wo der Neckar seine Schlinge um den Mittelberg durchstoßen hatte, unterhalb der Minneburg, der die Gemeinde im Mittelalter zu Diensten sein musste. Guttenbach hat sich seinen dörflichen Charakter weitgehend erhalten. Obwohl keine Einkehrmöglichkeit besteht, lohnt ein Besuch. In die Mauer des erhöht liegenden Kirchhofes der katholischen Kirche ist ein schöner Epitaph Ludwigs von Habern, Herr über Minneburg und Guttenbach, eingelassen. Der Krebsbach durchfließt die Dorfmitte mit dem Alten Rathaus und dem Dorfbrunnen mit Sitzbänken, die zur Rast einladen.

Der Neckarsteig umgeht den Ort, indem er nach dem Ortsschild in die Aue abbiegt. Ein Kiesweg leitet am Ortsrand und an einer ⛰ Grillhütte 🍷 vorbei neckarabwärts. Auf der anderen Flussseite klemmen sich B37, Bahnstrecke und Margarethenpfad (☞ 7. Etappe) in die Steilwand des Buntsandsteins. Sie gehen über die **Neckarbrücke** und erreichen nach 2 Std. ab Neckarkatzenbach den 🚆 S-Bahn-Haltepunkt oder Ihr Hotel in Neckargerach.

Neckargerach

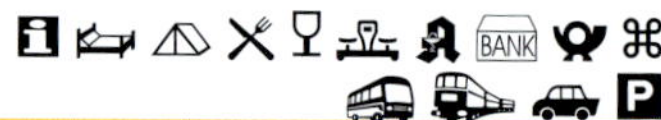

www.neckargerach.de

Tourist-Info, Gemeindeverwaltung Neckargerach, Hauptstr. 25, 69437 Neckargerach, 062 63/42 01-0, gemeinde@neckargerach.de, Mo, Di, Do und Fr 8:00-12:00, Do auch 13:30-18:00

Hotel Restaurant Grüner Baum**, Neckarstr. 13, 69437 Neckargerach, 062 63/706, www.gruenerbaum-neckargerach.de, info@gruenerbaum-neckargerach.de, 28 Betten, ÜF: EZ € 55, DZ € 100, DBZ € 120, Restaurant: Mo Ruhetag, P, besonders radlerfreundlich

Campingplatz Neckargerach**, Bannwiesen 1 (am Neckarufer), 69437 Neckargerach, 062 63/427 66 30, www.odenwald.camp, hallo@odenwald.camp, April bis Okt, behindertengerecht, für Wohnwagen, Wohnmobil, Zelt, Tipidorf, Preise siehe Homepage, Check-in 14:00-17:00, Bistro mit Terrasse, Fahrradvermietung und Kanutouren

Linie 836 nach Mosbach, Linie 839 nach Neunkirchen

S 1 und S 2

Taxi Kiffner (Binau): 062 63/42 96 25 oder 01 73/881 34 41

am Bahnhof

Wappen von Neckargerach

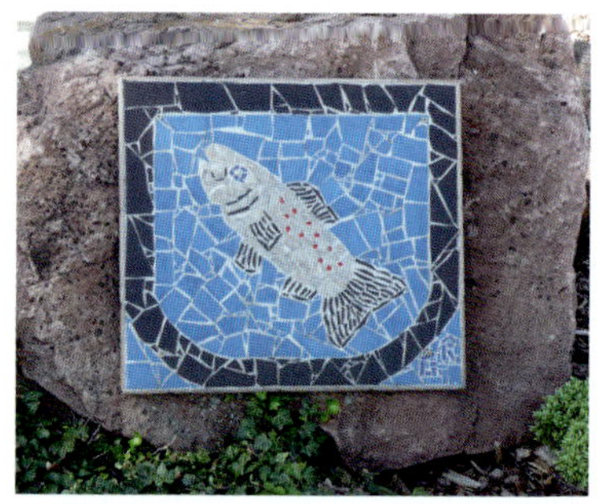

Neckargerach ist ursprünglich ein Dorf von Fischern und Schiffersleuten, die mit ihren Kähnen auch den Rhein befuhren. Der Ort wurde im Jahre 976 erstmals beurkundet und zählt heute einschließlich des 1972 eingemeindeten Guttenbachs ca. 2.300 Einwohner. Die auf einem Hügel liegende katholischen Kirche dominiert den Ort. Bei einem Luftangriff auf die mitten durch Neckargerach verlaufende Neckartalbahn am 22. März 1945 kamen fast 200 Menschen ums Leben. Bis zur Eröffnung der Neckarbrücke 1979 verkehrte über 600 Jahre lang eine Neckarfähre. Neben dem Pfad durch die Margarethenschlucht bieten sich das Seebachtal und der Naturlehrpfad um die Hauberghütte mit 19 Info-Tafeln zum Thema „Wald" zum Wandern an.

7. Etappe: Neckargerach – Mosbach

13,6 km, 4 Std., ↑ 480 m, ↓ 500 m, ⇧ 148-280 m

0,0 km	⇧ 160 m	Neckargerach
2,2 km	⇧ 197 m	Margaretenschlucht
3,3 km	⇧ 261 m	Grüne Hütte
5,6 km	⇧ 223 m	Grillhütte
6,6 km	⇧ 186 m	Wanderparkplatz Schifferdecker
7,5 km	⇧ 257 m	Schreckberg
10,7 km	⇧ 194 m	Pavillon am Hamberg
11,7 km	⇧ 232 m	Henschelberg
13,6 km	⇧ 154 m	Mosbach, Rathaus

Die Wanderung führt nicht wie bisher ausschließlich durch Wald, sondern auch durch Felder und Wiesen und einen ehemals gärtnerisch genutzten Neckarhang. Es sind vier steile, aber überwiegend kurze Anstiege zu bewältigen, wobei der Weg durch die Margaretenschlucht etwas Trittsicherheit verlangt.

Startpunkt der Neckarsteig-Etappe nach Mosbach ist der **S-Bahn-Haltepunkt Neckargerach**. Vom Endpunkt der letzten Etappe oder wenn Sie aus Richtung Eberbach angereist sind, müssen Sie zunächst die Wendelbrücke überqueren, um auf die Bergseite der Bahnlinie zu kommen. Dort folgen Sie dem Wegweiser „Margaretenschlucht-Pfad“ parallel zu den für Sie meistens unsichtbaren Bahngleisen. Nach ca. 500 m erreichen Sie den Wegweiser „Neckargerach-Süd“.

Ab hier ist eine 1,4 km lange Umleitung um die Margaretenschlucht markiert, denn bei Schnee, Eis und starkem Regen sollte die Schlucht nicht begangen werden. Sie wird dann gesperrt.

Hier wird der normale Weg beschrieben: Sie wandern weiter auf dem **Margaretenschlucht-Pfad** mit seinen informativen Schautafeln zur Geologie. Der bequeme Panoramaweg führt über die vom Neckar freigelegte

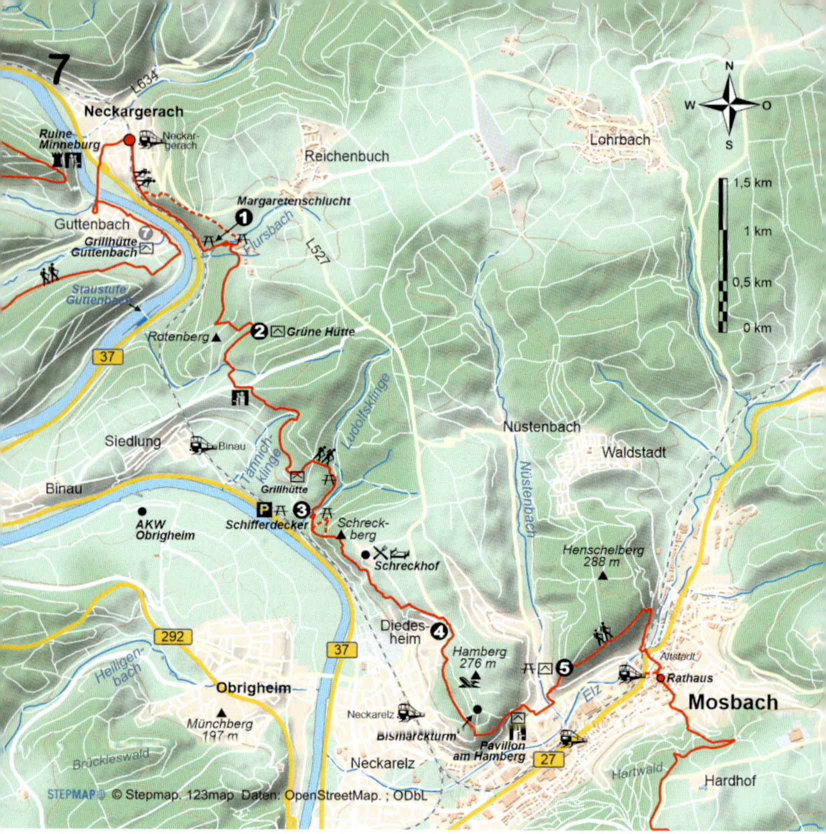

7

L634
Neckargerach
Ruine Minneburg
Neckargerach
Reichenbuch
Lohrbach
N
W
O
S
1,5 km
1 km
0,5 km
0 km
Margaretenschlucht
Guttenbach
Grillhütte Guttenbach
Flursbach
L527
Staustufe Guttenbach
Rotenberg
Grüne Hütte
37
Ludolfsklinge
Tännichklinge
Siedlung
Binau
Nüstenbach
Waldstadt
Binau
Grillhütte
Schifferdecker
Schreckberg
AKW Obrigheim
Schreckhof
Henschelberg 288 m
Diedesheim
Hamberg 276 m
292
37
Heiligenbach
Obrigheim
Altstadt
Rathaus
Mosbach
Elz
Neckarelz
Bismarckturm
Pavillon am Hamberg
27
Münchberg 197 m
Brückleswald
Neckarelz
Hartwald
Hardhof
STEPMAP © Stepmap, 123map Daten: OpenStreetMap. ; ODbL

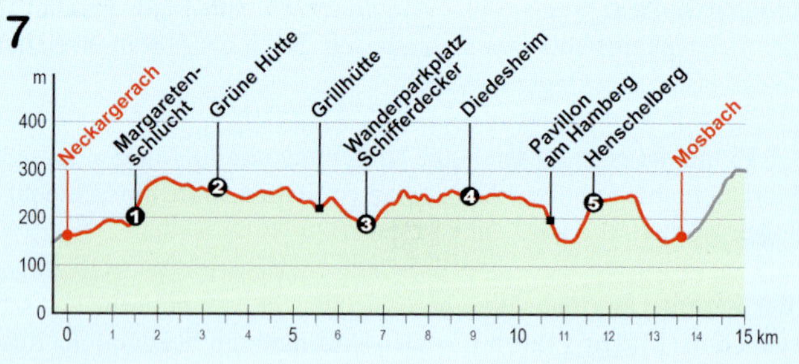

senkrechte Wand aus dicken Bänken des Buntsandsteins. Das gegenüberliegende Ufer zeigt sich als offenere Landschaft aus Wald, Wiesen und Äckern. Bänke am Weg laden zum Schauen ein. Im Fluss taucht die Staustufe Guttenbach auf.

Nach weiteren 800 m haben Sie den **Eingang zur Margaretenschlucht** ❶ und einen überdachten ⛼ Rastplatz erreicht.

Margaretenschlucht

Der Flursbach stürzt hier über 100 m vom Plateau zum Neckar in einer dunklen und feuchten Schlucht hinab, die eine spezielle Flora und Fauna beherbergt. Bemerkenswert sind die Vorkommen von Farnen sowie Feuersalamandern und Molchen. Die Bezeichnung „alpiner Klettersteig" ist allerdings überzogen und irreführend, denn darunter versteht man eine Steiganlage, bei der der Einsatz der Hände zur Fortbewegung unabdingbar ist. Hier müssen die Hände allenfalls eingesetzt werden, um sich zusätzlich abzusichern. Etwas Trittsicherheit und körperliche Gewandtheit sollten Sie aber schon mitbringen. Der Pfad ist durch Schlappseile gesichert.

In der Margaretenschlucht

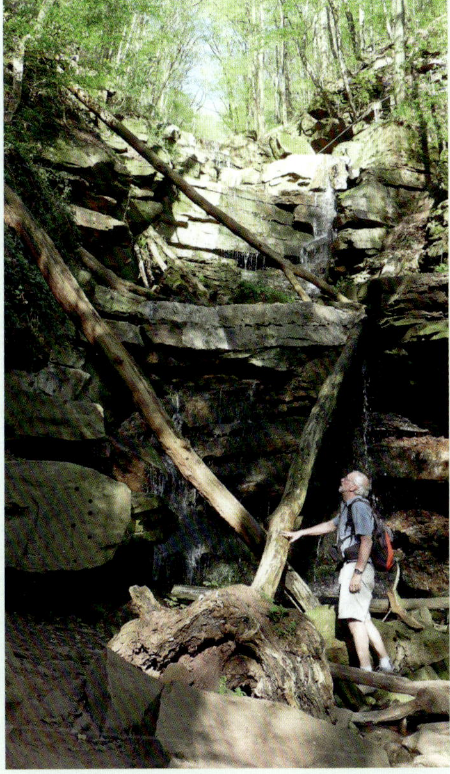

Der Aufstieg durch die Schlucht, in der ein Wasserfall an den nächsten anschließt, ist der mit Abstand beeindruckendste Wegabschnitt des Neckarsteigs. Dementsprechend sollte der Aufstieg ausgiebig genossen werden. Die reine Gehzeit ist mit etwa 15 Min. anzusetzen. Auch nach dem Ausstieg wartet auf Sie ein überdachter Rastplatz unter einer riesigen Eiche.

Nach dem spektakulären Landschaftserlebnis in der Margaretenschlucht tut den Sinnen etwas Entspannung gut. Für Beruhigung sorgt die Bauernlandschaft auf der Hochfläche. Am zweiten Bauernhof biegen Sie rechts ab zum Grüngutplatz und wandern auf Schotter, Erd- und Graswegen durch den Wald, zunächst abwärts, dann links aufsteigend bis zur **Grünen Hütte** ❷ (wettergeschützte Rastmöglichkeit). An der Hütte wenden Sie sich nach rechts und kommen nach 5 Min. in Wiesengelände. Wiederum nach 5 Min. werden Sie nach links auf einen Grasweg verwiesen und erreichen einen aussichtsreichen Asphaltweg. Ab hier folgen Sie einem Schotterweg und blicken dabei in das Mosbacher Becken und auf das ehemalige AKW Obrigheim.

Der Wegweiser „Walzenrain" weist Ihnen den Weg zum S-Bahn-Haltepunkt Binau (1,8 km), falls Sie die Wanderung unterbrechen müssen.

In einer Rechtskurve in Höhe der Tännichklinge verlassen Sie den Weg nach rechts hinab. Ein Erdweg bringt Sie durch schönen Buchenhochwald fast bis an den Waldrand vor eine Obstwiese. Dort lockt eine Bank mit Panoramablick zur Pause. Der Neckarsteig wendet sich jedoch vor Austritt aus dem Wald nach links und passiert sogleich eine Hütte mit Grill- und Rastplatz. Am nächsten Rastplatz zweigt der Neckarsteig rechts auf einen Erdweg ab und führt dann auf Kies zur Ludolfsklinge hinab. Sie laufen talwärts bis zum **Wanderparkplatz Schifferdecker** ❸ (Informationstafeln, wenigstens 1 Std. ab Ausstieg aus der Margarethenschlucht).

Am Wanderparkplatz Schifferdecker beginnt der Aufstieg zum **Schreckberg**. Gegenüber der ursprünglichen Trasse wurde die Wegführung verändert. Der Neckarsteig mäandert nicht mehr durch den zum Neckar ausgerichteten Hang des Berges und erreicht auch die kleine Siedlung Schreckhof nicht mehr.

Zunächst verläuft der Neckarsteig im Wald steil bergauf bis zu einem Querweg. Von dort geht es noch steiler annähernd in Falllinie hinauf. Wem dies zu anstrengend und an heißen Sommertagen zu schweißtreibend ist, kann nach links dem roten „R“ des Neckarweges folgen, der angenehmer in einer Schleife den Höhenunterschied überwindet. (Dieser empfehlenswerten Route folgt auch der GPS-Track.) An einem Rastplatz treffen Sie wieder auf die Markierung des Neckarsteigs. Nun haben Sie keine andere Wahl und müssen seiner Markierung steil hinauf folgen. Am Wegweiser in der Höhe von 242 m und an einer kleinen Ruine knickt der Neckarsteig rechts ab.

Wenn Sie weiter aufsteigen würden, kämen Sie zu der in einer Wiesenlandschaft liegenden Siedlung Schreckhof.

Landgasthof Schreckhof, Schreckhof 31 (auf dem Schreckberg), 74821 Mosbach, 062 61/25 90, www.schreckhof.de, info@schreckhof.de, 11 Zimmer, ÜF: EZ € 44, DZ € 71 (zzgl. Reinigungsgebühr bei nur 1 Nacht)

Ab dem Wegweiser/der Ruine wandern Sie im obersten Hang des Schreckberges auf einem aussichtsreichen Pfad, der Tiefblicke auf den Neckar und das von ihm geschaffene kleine Becken eröffnet. Da der Schreckberg aus über dem Buntsandstein liegendem, fruchtbarerem Muschelkalk besteht, laufen Sie entlang von Trockenmauern durch eine terrassierte Landschaft, die früher hauptsächlich für Obst- und Weinbau genutzt wurde, heute jedoch weitgehend der natürlichen Sukzession überlassen ist, was ihren besonderen Reiz ausmacht.

Sie wandern dann entlang des Sträßchens vom Schreckhof oberhalb der Siedlung **Diedesheim** ❹ bis zur Straße Steige (Linie 830 nach Mosbach, Neckarelz und Schreckhof). Von dieser folgen Sie links der Straße Am Hamberg Richtung Segelflugplatz. Wegen der Gefahren, die sich aus den Begegnungen von Flugzeugen und Wanderern ergeben haben, verläuft der Neckarsteig nicht mehr entlang des Flugfeldes und über den Bismarckturm, sondern knickt vor dem Wald rechts ab. Sie folgen einem angenehmen Waldweg durch den Hang des Hamberges ohne Höhenunterschiede für etwa 700 m. Am Ende des Weges steigen Sie nur kurz ab, setzen die halbe Umrundung des Hamberges fort und erreichen – bereits im Abstieg und nachdem der Pfad vom Bismarckturm sich dazugesellt hat – einen exponiert gelegenen Aussichtspavillon, der Ihnen einen Tiefblick über Mosbach gewährt.

Wenige Meter vor dem Aussichtspavillon steigt der Neckarsteig steil zu einer Schlucht ab. In ihr geht es weiterhin steil hinab bis zu einer Kirche am Rande von Mosbach. An der Straße (Hammerweg) gehen Sie links bis zum Minikreisel und folgen dort der **Nüsterbacher Straße** etwa 150 m.

Rechts führt Sie ein schweißtreibender Treppen- und Serpentinenweg mit einem sehr kurzen Rechts-links-Versatz am Sonnenrain zum **Henschelberg** empor. An einem ⊠ ⩚ **Pavillon** ℹ und Rastplatz endet der Aufstieg. Nach rechts folgen Sie dem fast geraden Weg nahe der Hangkante für fast 1 km und steigen dann rechts auf einem Pfad ab. Eine Bank mit Aussicht lockt zur Rast. Serpentinen führen hinab.

Sie wandern nach rechts und nutzen dabei einen Querweg im Hang – vorbei an einer Kammer im Fels, die bei starkem Regen Schutz bieten kann –, der in den Merianweg übergeht. Sie blicken links in den Loretto-Park, einen Teil der Landesgartenschau von 1997, und unterqueren die Bahnlinie und überqueren sogleich danach die Elz und die Bundesstraße 27 auf einer Fußgängerbrücke.

Die Elz in Mosbach

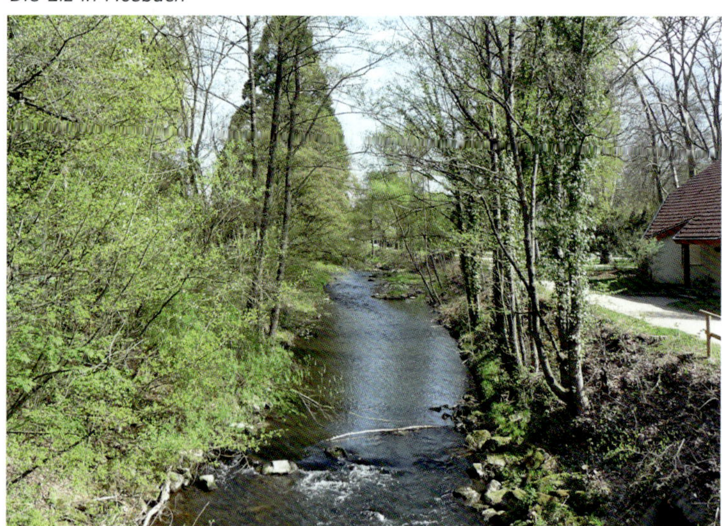

Rechts gelangen Sie zum bereits sichtbaren Bahnhof, geradeaus durch das neue Einkaufszentrum in die Altstadt und dort rechts durch die Hauptstraße zum Marktplatz von **Mosbach**.

Marktplatz in Mosbach

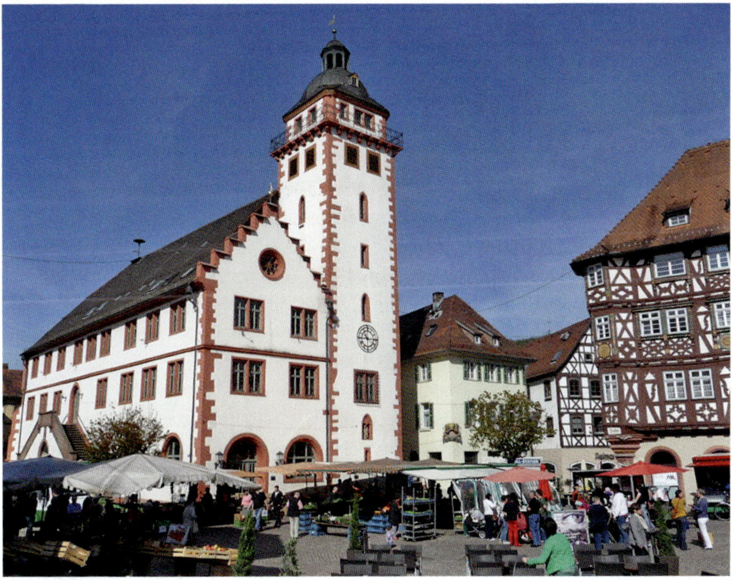

Mosbach

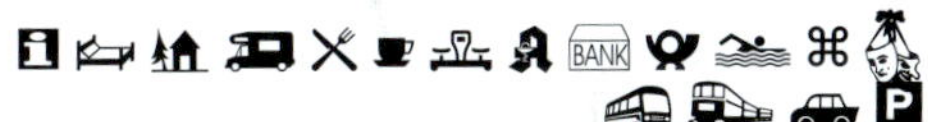

www.mosbach.de

Tourist-Information und **Geo-Naturpark-Informationszentrum**, Am Marktplatz 4, 74821 Mosbach, 062 61/91 88-0, tourist@mosbach.de, Mai bis Sep Mo bis Fr 9:00-13:00 und 14:00-17:00, Sa 9:00-13:00, Okt bis April Mo bis Fr 9:00-13:00 und 14:00-17:00, Zimmervermittlung, Stadt- und Themenführungen, Kartenverkauf für Veranstaltungen

Hotel Zum Amtsstüble***, Lohrtalweg 1, 74821 Mosbach, 062 61/93 46-0, www.amtsstueble.de, info@amtsstueble.de, 50 Zimmer, ÜF: EZ € 85-95, DZ € 130-150, MBZ € 160-190

Hotel Lamm***S, Hauptstr. 59, 74821 Mosbach, ☎ 062 61/89 02-0, www.lamm-mosbach.de, info@lamm-mosbach.de, 51 Zimmer, ÜF: EZ € 60-115, DZ € 95-140, DBZ € 135-185

♦ **Gasthof-Destille Eisenbahn**, Kantstr. 29, 74821 Mosbach (Neckarelz), ☎ 062 61/73 14, 20 Zimmer, ÜF: EZ € 55-65, DZ € 90-100, App. für bis zu 6 Pers. auf Anfrage

♦ **Hotel Lindenhof**, Martin-Luther-Str. 3, 74821 Mosbach (Neckarelz), ☎ 062 61/600 66, www.lindenhof-neckarelz.de, info@lindenhof-neckarelz.de, 27 Zimmer

♦ **Hotel Goldener Hirsch**, Hauptstr. 13, 74821 Mosbach, ☎ 062 61/846 50 20, www.hotel-goldener-hirsch-mosbach.de, info@goldener-hirsch-mosbach.de, Tagespreise

Hotel Schwanen, Schloßgasse 8-10, 74821 Mosbach, 01 71/402 56 20, www.schwanen-mosbach.de, info@schwanen-mosbach.de, EZ ab € 80, DZ ab € 110, Suite ab € 150

♦ **Pension Am Waldrand**, Friedrich-Hölderlin-Str. 9, 74821 Mosbach, ☎ 062 61/43 41, www.hotel-mosbach.de, reservierung@hotel-mosbach.de, ÜF: EZ ab € 75, DZ € 89

Jugendherberge Mutschlers Mühle, Zur alten Mühle 6, 74821 Mosbach (Neckarelz), ☎ 062 61/71 91, www.jugendherberge-mosbach.de, JH-Mosbach@jugendherberge.de, 140 Betten in 39 Zimmern, ÜF ab € 36,90

Wohnmobilstellplatz Mosbach, Wasemweg 8, 74821 Mosbach, 0,6 km, ☎ 062 61/918 80, tourist.info@mosbach.de, 10 Plätze, 3 Nächte gebührenfrei

Marktplatz, Ludwigsplatz, Hauptstraße, Mosbacher Brauhaus mit Biergarten

Wochenmarkt Mi und Sa

⌘ **Stadtmuseum** im Alten Hospital aus dem 15. Jh., Hospitalgasse 4, 74821 Mosbach, ☎ 062 61/89 92 40, www.mosbach.de/stadtmuseum, Anfang April bis Ende Okt Mi und So 15:00-18:00, Stadtgeschichte, Handwerk, Fayencen, Majolika, Hafnerei, Geologie und Paläontologie, Odenwälder Wohnkultur des 18. und 19. Jh. im Haus Kickelhain, Themenführungen

☺ Stadtführung mit Rathausturmbesteigung Mai bis Sep Mi um 14:30 und Sa um 11:00 (Tourist-Information)

♦ **Erlebnismärkte**: Kunsthandwerkermarkt im März/April, Blumenmarkt im Mai, Antikmarkt im Juli, Kräutermarkt Anfang Aug, Kurpfälzer Brotmarkt Anfang Sep, Kürbismarkt und Buchmachermarkt Anfang Okt, Mittelaltermarkt und Kunsthandwerk Anfang Nov, Weihnachtsmarkt im Advent

Kulturveranstaltungen (u. a. der Badischen Landesbühne) **in der Alten Mälzerei**, www.maelzerei.de, Karten über die Tourist-Information

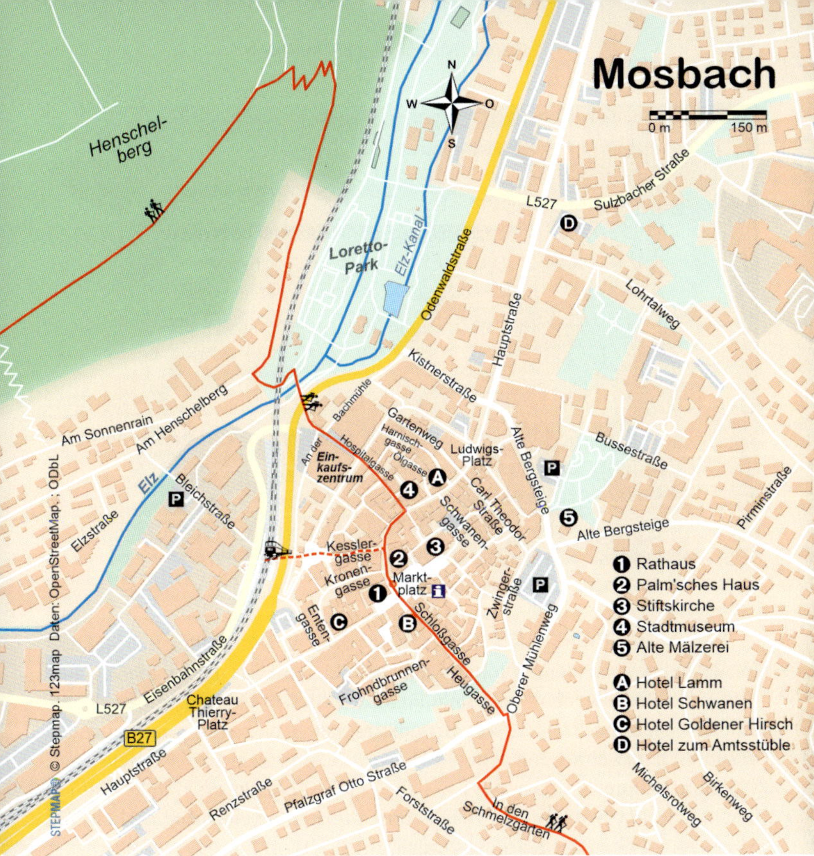

♦ **Mosbacher Sommer**, Anfang Juli bis Anfang Sep, hochwertige Crossover-Kulturveranstaltungen einschließlich Straßentheatertag, Infos über 💻 www.mosbach.de, Kulturamt: ☏ 062 61/82 -225

🚌 Linie 852 nach Bad Friedrichshall, Linie 836 nach Binau und Neckargerach, Linie 822 nach Neunkirchen

🚆 S 1, S 2, Neckartalbahn R 85, RE 1 Mosbach-Neckarelz – Mannheim/Heilbronn

🚗 Taxi Herrmann: ☏ 062 61/97 11 11, Taxi Kranzmann: ☏ 062 61/42 24

P in der Nähe der B27 nordöstlich (P3) sowie westlich (Eisenbahnstr. - Bleichstr.) des Bahnhofs

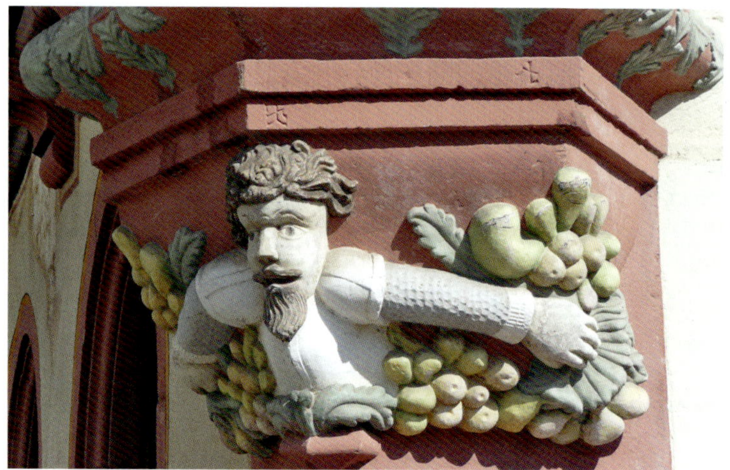

Detail am Palmschen Haus in Mosbach

Bereits die Römer siedelten in Mosbach, wie die 1986 im Stadtteil Diedesheim gefundene Jupitergigantensäule beweist. Die nachfolgende Zeit liegt weitestgehend im Dunkel der Geschichte. Der Ort Mosbach entwickelte sich am Rande einer Benediktinerabtei und wurde 826 erstmals urkundlich erwähnt. Im Jahr 1241 wurde Mosbach Freie Reichsstadt. Pfalzgraf Ruprecht I. kaufte 1392 die Stadt. Sein jüngster Sohn Otto I. machte sie 1410 zur Residenzstadt. Da Otto II. ohne Nachfolger blieb, fiel Mosbach 1499 an die Kurlinie zurück.

Durch den Dreißigjährigen Krieg und Pestepidemien war auch Mosbach von der allgemeinen Verelendung betroffen, blieb jedoch weitgehend unzerstört. Auch die Truppen Ludwigs XIV. erreichten im Pfälzischen Erbfolgekrieg von 1688 bis 1697 die Stadt nicht. Erst 1723 äscherte ein Stadtbrand ca. 150 Häuser ein. Unter Kurfürst Karl Theodor erlebte die Kurpfalz einen wirtschaftlichen und kulturellen Aufschwung. In Mosbach richtete er eine Fayencenmanufaktur ein. 1806 wurde Mosbach in das Großherzogtum Baden eingegliedert und Sitz eines Amtes. Die wirtschaftliche Lage verbesserte sich, als die Stadt 1862 an die Badische Odenwaldbahn und 1879 an die Neckartalbahn angeschlossen wurde. Heute ist Mosbach Große Kreisstadt des Neckar-Odenwald-Kreises.

Die Altstadt mit ihren Fachwerkhäusern ist besonders sehenswert. Am Marktplatz steht das Renaissance-Rathaus mit seinem 34 m hohen Turm, das 1557/58 auf den Fundamenten der ehemaligen katholischen Cäcilienkirche entstanden ist. Der Turm kann bestiegen werden und ermöglicht einen eindrucksvollen Blick von oben.

Das mächtige Palm'sche Haus im Stil der Renaissance von 1610 gibt einen Eindruck vom damaligen Wohlstand der Stadt und seiner Bürger. Die Stiftskirche ist Simultankirche und durch eine Mauer in einen evangelischen und katholischen Teil getrennt. Auf einem Stadtrundgang werden Sie auch das Alte Spital, jetzt Stadtmuseum, und das Haus Kickelhain in ihren Bann ziehen. Sie sollten sich für Mosbach mindestens einen Nachmittag und Abend Zeit lassen.

8. Etappe: Mosbach – Gundelsheim

13,1 km, 3 Std. 45 Min., 460 m, 470 m, 146-332 m

0,0 km	154 m	Mosbach, Rathaus
2,6 km	332 m	ehemalige Kaserne
5,3 km	294 m	ev. Jugendheim
6,2 km	180 m	Abzweig Neckarzimmern
7,3 km	229 m	Burg Hornberg
10,3 km	162 m	Bahnhaltepunkt Haßmersheim
11,8 km	240 m	Michaelsberg
13,1 km	146 m	Gundelsheim BANK FUN

Am Beginn steht wieder einmal ein Aufstieg über 150 Höhenmeter. Ab Neckarzimmern verläuft der Steig überwiegend fast eben zunächst durch den Weinberg Hornberger Götzenhalde zur Burg Hornberg und später am Rande des Neckartalbodens entlang. Über den Michaelsberg steigen Sie auf und durch den Weinberg Himmelreich steil nach Gundelsheim ab. Einkehrmöglichkeiten finden Sie auf Burg Hornberg und auf dem Michaelsberg.

☺ Falls Sie mit der Bahn anreisen, steigen Sie am Bahnhof Mosbach (Baden) aus und laufen durch den Tunnel Richtung Stadtzentrum.

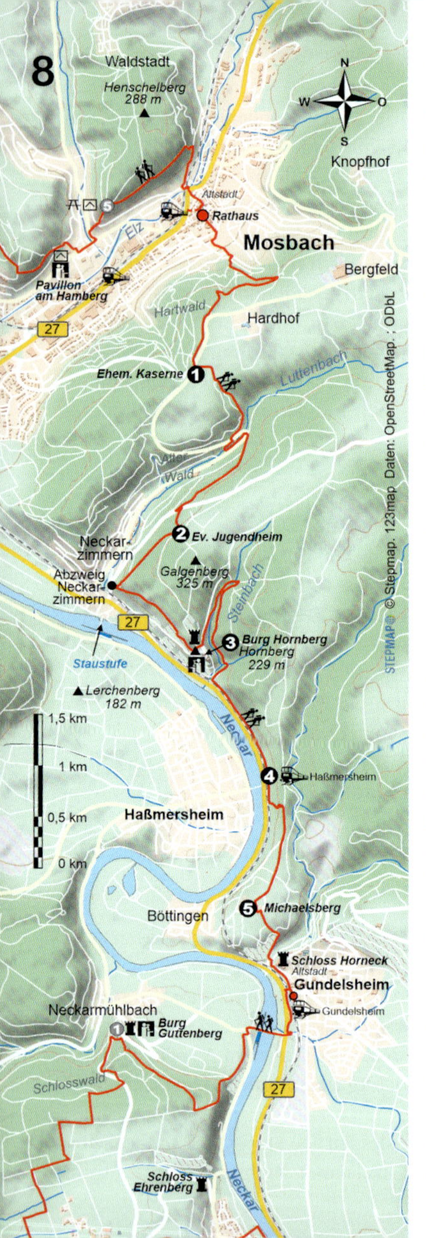

Durch die Kesslergasse und dann rechts durch die Hauptstraße kommen Sie zum **Rathaus** und zum Marktplatz ℹ von Mosbach.

Der Neckarsteig führt vom Marktplatz weiter durch die Schloßgasse und die Heugasse mit dem Kandelschussbrunnen, der an den Kandelbach erinnert, der hier früher in die Stadt schoss. Auf einem Treppenweg verlassen Sie die Altstadt und gehen über den Oberen Mühlenweg und In den Schmelzgärten weiter bergan. In der Forststraße steigen Sie nach 50 m rechts über eine Treppe und einen Waldpfad empor.

Am **Wegweiser „Mosbach Jubelsberg“** ist der Aufstieg über ca. 150 Höhenmeter zunächst beendet. Sie wandern nun scharf rechts über einen ebenen Forstweg, vorbei an einem Gedenkstein für den Forstmeister Korn. Bevor der Weg sich absenkt, biegen Sie links hinauf ab. Anschließend führt der schöne Nachtigallenweg eben am Rande des Plateaus entlang, bis eine Straße gekreuzt wird. Am Zaun einer ehemaligen **Kaserne ❶** geht es nach etwa 1 Std. ab Rathaus Mosbach weiter, dann links im Wald abwärts, wiederum zur Straße.

Der Neckarsteig setzt sich auf der gegenüberliegenden Straßenseite fort. Gehen Sie durch die Lücke

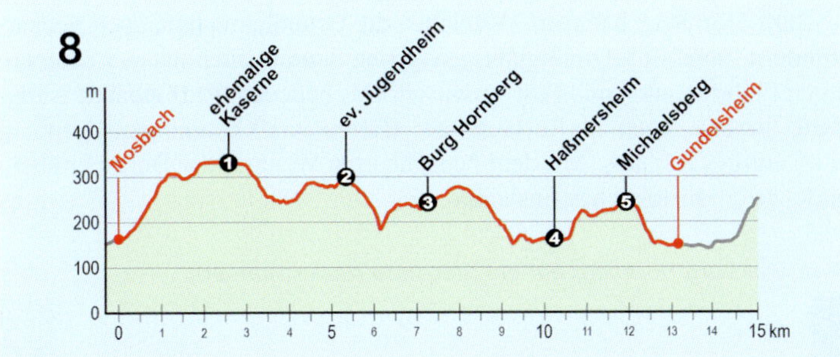

in der Leitplanke und folgen Sie dem schmalen, zunächst etwas steilen Waldpfad hinab in die Aue des Lutterbachs. Wenn Sie den Bach erreicht haben, führt Sie die Markierung in spitzem Winkel am plätschernden Wasser des Bachs links aufwärts. Wieder an der Straße angelangt nutzen Sie eine weitere Lücke in der Leitplanke und queren die Straße.

Von der Straßenkurve steigen Sie auf einem Teerweg geradeaus auf. Anschließend leitet Sie ein Kiesweg eben durch schönen Buchenhochwald. Wenige Meter vor Erreichen einer Straße nutzt der Neckarsteig einen Pfad, der jenseits der Straße hinauf in einen verkrauteten Weg führt. Vor der **Tagungsstätte der Evangelischen Jugend ❷** (45 Min. ab Kaserne) mit ihrem weitläufigen Freizeitgelände, u. a. mit Rastplätzen und einem Skulpturenpark zur Erinnerung an den Holocaust, senkt sich der Weg rechts allmählich zum Neckartal hinab. Über **Neckarzimmern** biegen Sie links hinauf ins Neckartal ein.

↳ Rechts geht es zum Ort und zur S-Bahn hinab.

Neckarzimmern

www.neckarzimmern.de

Gemeindeverwaltung, Hauptstr. 4, 74865 Neckarzimmern, ☎ 062 61/92 31-0, Mo, Mi bis Fr 8:00-12:00, Di 13:00-17:30

Campingplatz Cimbria, Wiesenweg 1, 74865 Neckarzimmern, ☎ 062 61/25 62, www.camping-cimbria.de, info@camping-cimbria.de, Mitte März bis Ende Okt, Bristro, Freibad, Wohnmobil ab € 19,50, Caravan ab € 30,50

Café Englert, Hauptstr. 14, 74865 Neckarzimmern, ☎ 062 61/917 53 33, www.baeckerei-englert.de, Mo bis Sa 5:00-11:30

Burg Hornberg hatte im Mittelalter die Grundherrschaft über Neckarzimmern inne. Im Dreißigjährigen Krieg wurde auch Neckarzimmern durch Plünderungen und Pest verwüstet. Das bedeutendste Gebäude ist das Neue Schloss, ehemals Residenz der Herren von Gemmingen-Hornberg und heutiges Rathaus. Mit dem benachbarten Weingut der Burg Hornberg bildet es ein historisches Ensemble.

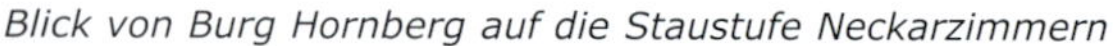

Blick von Burg Hornberg auf die Staustufe Neckarzimmern

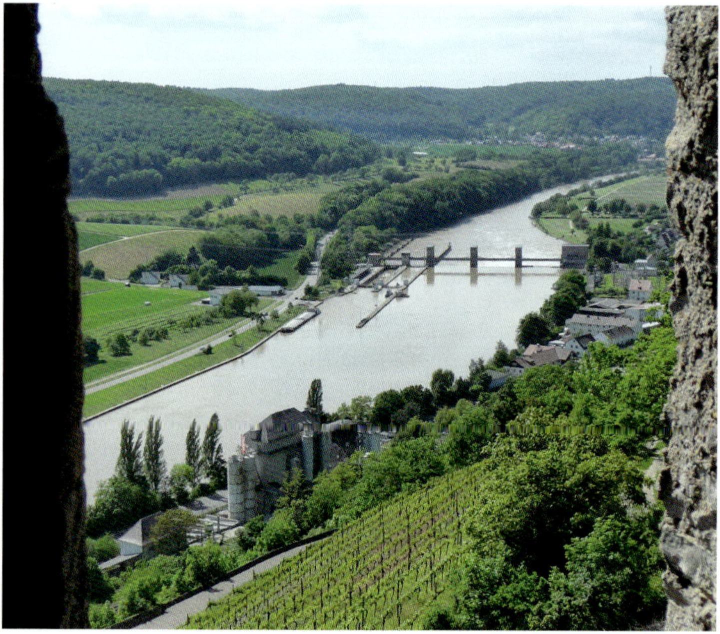

Im Neckartal verläuft der Weg nun oberhalb der Weingärten der Hornberger Götzenhalde mit ihren hohen Weinbergsmauern ohne große Höhenunterschiede durch den Hang. Sie blicken auf Haßmersheim im Tal und Burg Guttenberg in der Ferne. Burg Hornberg ❸ taucht unvermittelt vor Ihnen auf.

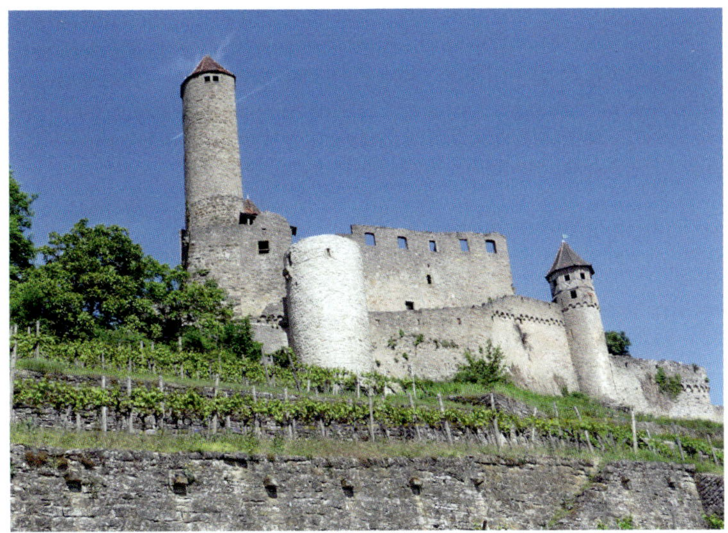

Burg Hornberg

Burg Hornberg (zu Neckarzimmern gehörig)

Die Anfänge der Burg liegen wahrscheinlich im 11. Jh. Im Jahr 1184 wurden die Grafen von Lauffen als Besitzer erwähnt. Von 1259 bis 1464 war der Bischof von Speyer Eigentümer der Burg. Ursprünglich handelte es sich um zwei Burgen, die 1510 durch eine gemeinsame Mauer umschlossen wurden. Ihr berühmtester Besitzer war Götz von Berlichingen, der hier von 1517 bis zu seinem Tod im Jahre 1562 lebte und Vorbild für Goethes gleichnamiges Schauspiel war. Seit 1612 bis heute sind die Freiherren von Gemmingen-Hornberg Eigentümer der Burg.

www.burg-hornberg.de

Güterverwaltung und Weingut: ☏ 062 61/50 01, info@burg-hornberg.de, Weinproben, Weinverkauf, Führungen, April bis Okt täglich 10:00-18:00, März, Nov, Dez Mi-So 11:00-16:00

Burghotel Hornberg, 74865 Neckarzimmern, ☏ 062 61/92 46-0, www.burg-hotel-hornberg.de, info@burg-hotel-hornberg.de, 31 Zimmer, ÜF: EZ € 79, DZ ab € 139, Juniorsuite € 189, gehobenes Ambiente, Aussichtsterrasse

Der Neckarsteig vollzieht eine Schleife um die **Schlucht des Steinbachs**. Sie passieren ein Militärgelände. Schienen führen in einen Gipsstollen, aus dessen Material besonders im Ersten Weltkrieg in Haßmersheim Schwefel für Munition gewonnen wurde. Vor der Bahnlinie führt der Neckarsteig links auf fast ebenem Grasweg durch naturbelassenes Gelände bis zum **Bahnhaltepunkt Haßmersheim ❹**.

Über die Brücke können Sie einen Abstecher zum Ort Haßmersheim zum Einkehren und Übernachten machen.

Haßmersheim

www.hassmersheim.de

Gemeindeverwaltung, Theodor-Heuss-Str. 45, 74855 Haßmersheim, 062 66/791-0, Mo 14:00-16:00, Di 8:00-12:00 und 16:00-18:30, Mi, Do 8:00-12:00, Fr 7:00-12:00

Gasthof Adler-Lamm, Marktstr. 50, 74855 Haßmersheim, 062 66/15 22, www.adlerlammhotel.de, mail@adlerlammhotel.de, 60 Betten, Ü: EZ ab € 62, DZ ab € 82, Suite ab € 105, Ferienwohnung

♦ **Hotel-Gasthof Zum Ritter**, Neckarstr. 5, 74855 Haßmersheim, 062 66/857, www.hotel-ritter-hassmersheim.de, info@hotel-ritter-hassmersheim.de, 28 Betten, ÜF: EZ ab € 74, DZ ab € 104

♦ **Landhotel am Treidelpfad**, Obere Str. 12, 74855 Haßmersheim, 062 66/76 85, www.treidelpfad.de, info@wirtshaus-am-treidelpfad.de, 27 Betten, ÜF: EZ ab € 65,50, DZ ab € 95

Etwa 175 m nach dem Bahnhof Haßmersheim steigen Sie über eine Treppe und Serpentinen im ehemals bewirtschafteten Hang steil auf. Oben bringt Sie nach rechts ein Teersträßchen durch Streuobstwiesen zur Kapelle und zu Schäffers Landgasthof auf dem **Michaelsberg ❺**, wo Sie 1 Std. 15 Min. nach Burg Hornberg nochmals die Gelegenheit zur Einkehr haben.

Schäfer's Ferienhof Michaelsberg, Michaelsberg 3, 74831 Gundelsheim, 062 69/450 71, Landrestaurant 062 69/450 72, Fr-So 11:30-22:00, www.schaefers-michaelsberg.de, info@schaefers-michaelsberg.de, unterschiedlich große FeWo zu verschiedenen Preisen, Preisdifferenzierungen werktags/Wochenende

Die Markierung des Neckarsteigs leitet Sie an den Rand des Plateaus. Von dort steigen Sie rechts auf einem Pfad mit vielen Stufen, der Himmelsleiter, durch die Weinbergsteillage Himmelreich nach **Gundelsheim** ab. Sie erreichen den Ortsrand in der Burghalde unterhalb von Schloss Horneck. Der Neckarsteig führt parallel zur Bahnlinie kurz über die Neckarstraße, dann über einen Parkplatz, den Allmendweg und die Eisenbahnstraße zum Bahnhof.

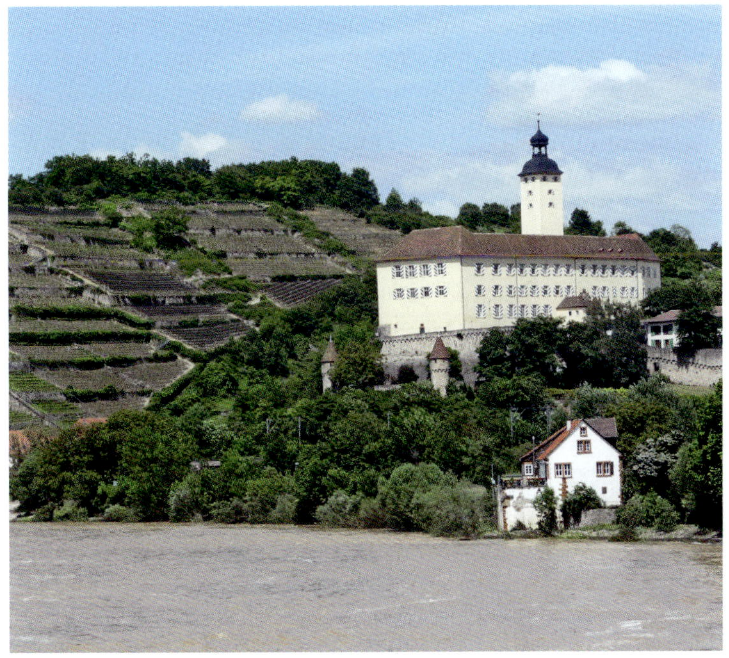

Schloss Horneck

☞ Um einen Eindruck von Gundelsheim zu erhalten, ist jedoch zu empfehlen, der Wegweisung durch die Neckarstraße in die Altstadt zu folgen. Wer in der Schlossstraße links geht, kann noch ♜ **Schloss Horneck** besuchen.

Schloss Horneck

Vermutlich begannen die Herren von Horneck Anfang des 13. Jh. mit dem Bau der Burg. Um 1250 traten sie dem Deutschen Orden bei und brachten ihr Eigentum ein. Im Gegenzug wurden sie Komtur der Kommende Horneck. Nach der verlorenen Schlacht von Tannenberg verlegte der Deutschmeister seinen Sitz nach Burg Horneck, bis ihn 1525 die Bauern im Bauernaufstand vertrieben. Nach den Zerstörungen des Bauernkrieges entstand ein Schloss im Stil der Renaissance. Es wurde 1720 bis 1724 in ein Barockschloss umgebaut. Heute sind dort ein Alten- und Pflegeheim und das Siebenbürgische Museum untergebracht. Die Komturei wird gastronomisch genutzt.

Gundelsheim

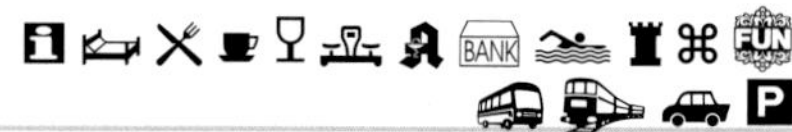

www.gundelsheim.de

Tourist-Information, Tiefenbacher Str. 16, 74831 Gundelsheim, 062 69/96 41, tourismus@gundelsheim.de, Mo und Mi 9:00-17:00, Di und Do 9:00-18:00, Fr 9:00-16:30, Sa 9:30-12:00, Zimmervermittlung, Kurzreisen und Pauschalen, Veranstaltungen, Führungen, Weinproben

Schokoladenmanufaktur Schell, Schlossstr. 31, 74831 Gundelsheim, 062 69/350, www.schell-schokoladen.de, schell@schell-schokoladen.de, 8 Zimmer, ÜF: EZ € 65, DZ € 88, Konditorei-Café, Schokoladenmanufaktur, Schokolade-&-Wein-Seminare

Schlosshotel Horneck garni, Schloss Horneck 1, 74831 Gundelsheim, 062 69/428 98 88, www.schlosshotel-horneck.de, kontakt@schlosshotel-horneck.de, DZ, Studios, Suiten, Tagespreise

♦ **R. Hog**, Theresienstr. 5, 74831 Gundelsheim, 062 69/665, 5 Zimmer, ÜF: DZ € 50

♦ **Ferienwohnung Gundelsheim**, Weinbergweg 8, 74831 Gundelsheim, 062 69/42 69 13, www.burgenblick-gundelsheim.de, 4 Zimmer, 1 Fewo: EZ € 25 bis € 35, DZ € 40 bis € 50, FeWo € 45 bis € 60

♦ **Hotel Garni Zum Lamm*****, Schlossstr. 25-27, 74831 Gundelsheim, 062 69/42 02-0, www.lamm-gundelsheim.de, info@lamm-gundelsheim.de, ÜF: EZ € 40 bis 70, DZ € 65 bis 95

Weinbau Pavillon, Oststr. 5, 74831 Gundelsheim, 062 69/80 15, www.weinbau-pavillon.de, Do bis Mo ab 11:00, Weinshop, Besenwirtschaft, Biergarten

♦ **Zur Alten Kelter**, Tiefenbacher Str. 26, 74831 Gundelsheim, ☏ 062 69/692, Mi bis So ab 15:00, Weinausschank

Terrassenfreibad (beheizt), Roemheldstr. 14, 74831 Gundelsheim, ☏ 062 69/450 23, Mai bis Sep täglich 8:30-20:00

⌘ **Siebenbürgisches Museum**, Schloss Horneck, ☏ 062 69/906 21, www.siebenbuergisches-museum.de, Di bis Do ab 9:30

Herbstfest: kunterbunter Bauernmarkt, 1. Wochenende im Okt

Linie 828 nach Neckarzimmern/Mosbach, Linie 852 nach Jagstfeld/Heilbronn, Linie 603 nach Heinsheim und Bad Wimpfen

Neckartalbahn R 85 im Stundentakt

Taxi Kircher: ☏ 062 69/42 86 16

P am Bahnhof

Gundelsheim wurde bereits 766 im Lorscher Codex genannt. 1378 erhielt der Ort die Stadtrechte und 1398 die Marktrechte. Die Stadt litt im Dreißigjährigen Krieg und im Pfälzischen Erbfolgekrieg unter Besatzungen und Plünderungen. Die Altstadt weist einige bemerkenswerte Fachwerkhäuser auf, z. B. das Gasthaus Zum Lamm von 1692.

In Gundelsheim

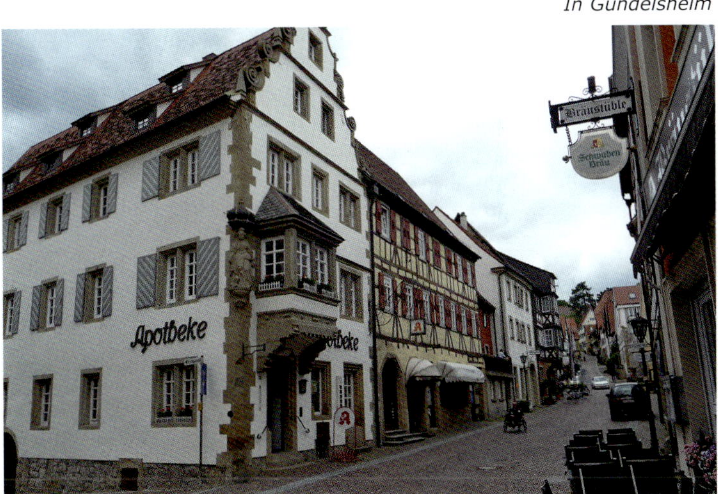

9. Etappe: Gundelsheim – Bad Wimpfen

14,3 km, 4 Std., ↑ 230 m, ↓ 210 m, ⇧ 143-271 m

0,0 km	⇧ 146 m	Gundelsheim
3,3 km	⇧ 225 m	Burg Guttenberg
6,1 km	⇧ 255 m	Jüdischer Friedhof
9,0 km	⇧ 200 m	Bergkirche
9,8 km	⇧ 148 m	Neckarufer
12,3 km	⇧ 146 m	Freibad
14,3 km	⇧ 169 m	Bad Wimpfen

Die Etappe ist eine einfache Wanderung mit einer einzigen nennenswerten Steigung von Gundelsheim zur Burg Guttenberg. Fast eben geht es über das Plateau, durch die Neckaraue und im Prallhang unterhalb von Bad Wimpfen weiter. Einkehrmöglichkeiten bestehen auf Burg Guttenberg und in Heinsheim.

Beim Start in Gundelsheim wandern Sie – egal ob Sie dort übernachtet haben oder dem Zug entstiegen sind – zunächst unter dem Bahndamm hindurch Richtung Neckar und gehen links vor der B27 an ihr entlang nach Süden bzw. neckaraufwärts. Zuletzt werden Sie durch Gärten bis zu einer Querstraße geführt. Nach rechts überqueren Sie die B27 und den Neckar. Nach der **Neckarbrücke** gehen Sie an der nächsten Straßeneinmündung

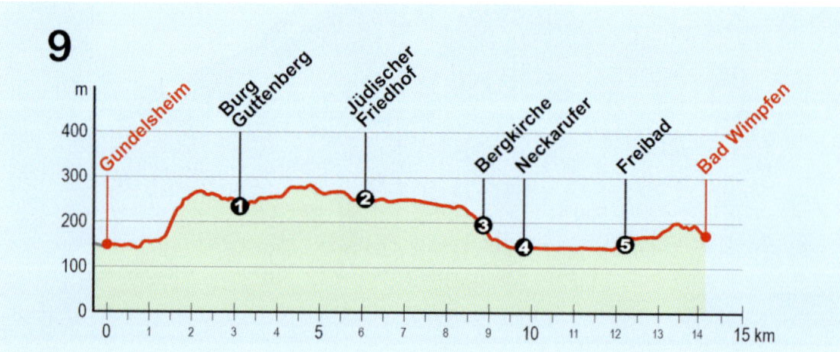

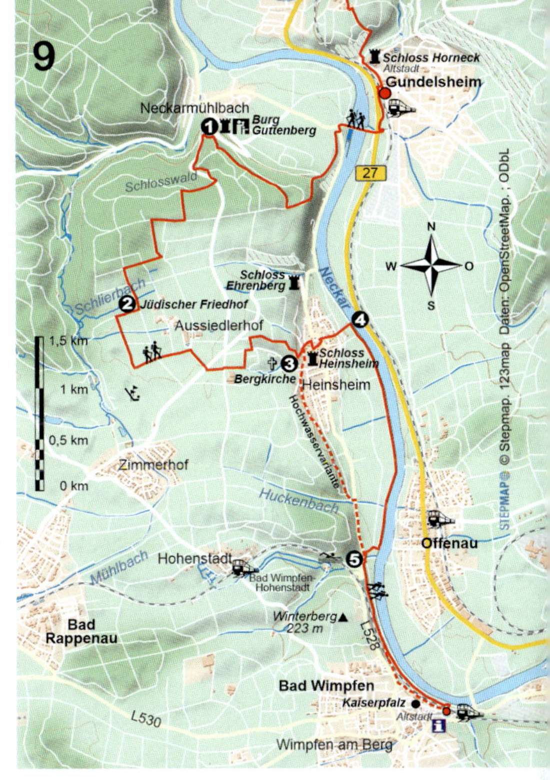

links und sogleich an der Bushaltestelle rechts in einen Weg. Begleitet von einigen Nussbäumen zieht sich der Weg durch die Felder in den Wald hinauf. Dort steigen Sie zunächst entlang einer niedrigen Kalksteinmauer und anschließend durch einen Laubtunnel zur Hochfläche und zum Waldrand auf und befinden sich nun 110 m über dem Neckar. Sie halten sich rechts und es geht angenehm durch den Wald, bis Sie scharf rechts abbiegen müssen und auf einem sehr steilen Weg (Rutschgefahr!) zur **Burg Guttenberg ❶** absteigen. Hier sollten Sie nach fast 1 Std. auf jeden Fall eine Pause einplanen!

Burg Guttenberg

Burg Guttenberg entstand im 12. Jh. als Stauferburg, die die Kaiserpfalz in Wimpfen sichern sollte. Hans von Gemmingen kaufte die Burg 1449 von den Staufern. Seitdem ist sie im Besitz dieser Familie und bewohnt. Mit viel Glück und Geschick konnte die Burg unbeschadet durch alle Wirren der Zeit gebracht werden.

Burg Guttenberg, 74855 Haßmersheim-Neckarmühlbach, ☎ 062 66/228, www.burg-guttenberg.de, info@burg-guttenberg.de,
Museum: ☎ 062 66/388, April bis Okt täglich 10:00-18:00, Nov bis März auf Anfrage

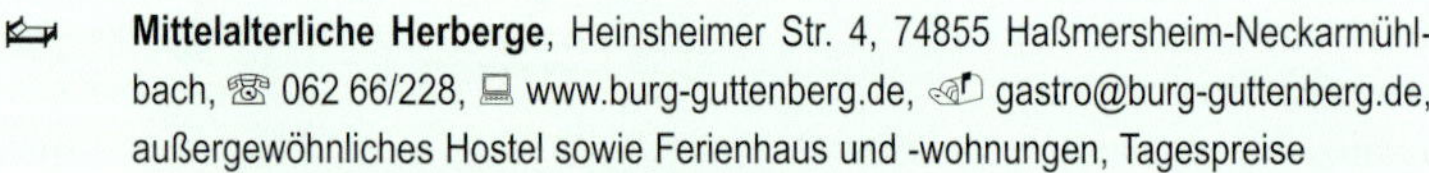

Mittelalterliche Herberge, Heinsheimer Str. 4, 74855 Haßmersheim-Neckarmühlbach, ☏ 062 66/228, www.burg-guttenberg.de, gastro@burg-guttenberg.de, außergewöhnliches Hostel sowie Ferienhaus und -wohnungen, Tagespreise

Burgschenke, 74855 Haßmersheim-Neckarmühlbach, ☏ 062 66/228, März Sa, So ab 12:00, April bis Okt Mi bis So ab 12:00, in den Ferien täglich, Nov bis Feb in den Ferien täglich ab 12:00, außergewöhnliche mittelalterliche Speisekarte, Rittermahle, Hexenspektakel und andere Events

Deutsche Greifenwarte, ☏ 062 66/388, April bis Okt Rundgang täglich 9:00-18:00, Flugvorführungen täglich 11:00 und 15:00

Burg Guttenberg

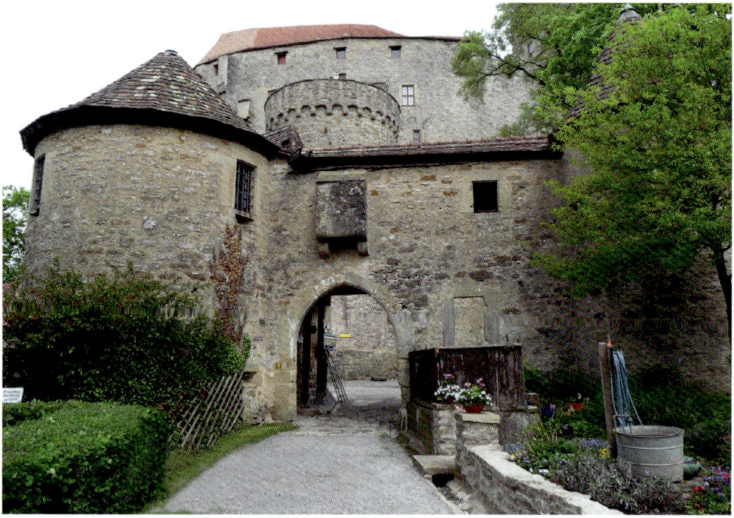

Wenn Sie die Burg besichtigt, sich gestärkt und vielleicht auch eine Greifvogelvorführung besucht haben, folgen Sie dem Wegweiser „Heuherberge“ hinab zum westlichen Eingang. Hier können Sie zur Burgkapelle absteigen. Der Neckarsteig führt nach links an der Straße entlang und am Ende der linken Parkplatzreihe über Stufen in den Wald. Parallel und entlang der Straße laufend kommen Sie zu einem Parkplatz. Hier führt ein Weg rechts in den Wald. Bereits der erste Weg links führt nach Süden bis zum Waldrand, hier gehen Sie rechts am Waldrand entlang, dann links (zweiter Weg) am nächsten Waldrand nach Süden und beim ersten Weg wieder in den Wald. Schließlich kommen Sie nach ca. 45 Min. zum **Jüdischen Friedhof ❷**. Mit 1.137 Grabstellen ist er einer der größten Judenfriedhöfe Deutschlands. Er war seit dem 16. Jh. ein Verbandsfriedhof für bis zu 25 Gemeinden. Die letzte Beisetzung fand 1937 statt. Der Friedhof wird nach rechts halb umgangen.

Jüdischer Friedhof

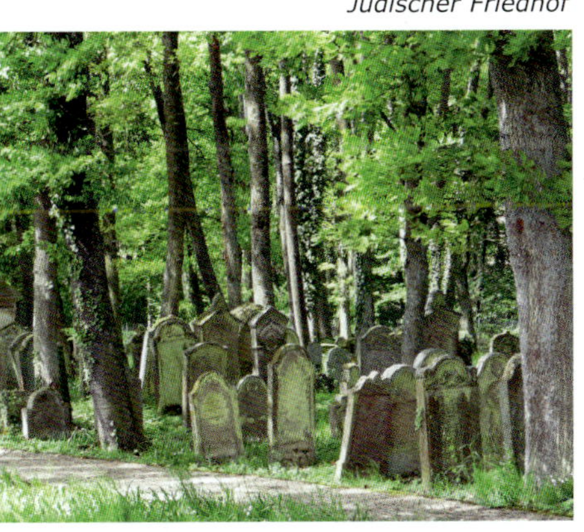

Am Ende des Friedhofs/am Wegweiser „Jüdischer Friedhof" biegen Sie nach 75 m links in einen Grasweg ein, der Sie geradeaus durch Felder führt und nach gut 500 m die Grüneinrahmung des **Golfplatzes** erreicht. Hier wenden Sie sich im rechten Winkel nach links in Richtung der roten Dächer, die, wie sich später erweisen wird, zu einem **Kompostwerk** gehören. Sie wandern an dessen Zaun entlang, werden von Neubauten nach rechts abgedrängt und queren die Salinenstraße/K2148 (✋ schnell fahrende Autos) in einen leicht versetzten Wirtschaftsweg. Sie queren die Gutenbergstraße (Radweg) und zweigen, nachdem eine Fabrik gequert wurde, links ab. Streuobstwiesen werden zuletzt rechts halb umgangen, dann gehen Sie links zur Brudersteige und weiter zum asphaltierten Kirchberg, der rechts hinab zur ✞ **Bergkirche ❸** mit Fresken aus dem 12. Jh. oberhalb von Heinsheim auf der Kante des Neckarhanges führt und eine entsprechende Aussicht bietet.

Von der Bergkirche führt ein Treppenweg mit Blick auf das unterhalb liegende ♜ **Schloss Heinsheim** hinab in den Ort. Die Neckarstraße führt direkt zum Neckarufer. Der Neckarsteig macht aber einen kurzen Schwenk rechts durch die Schloßgasse vorbei am Schloss zum Lindenplatz 🚌 (45 Min. ab Jüdischem Friedhof).

Heinsheim (Ortsteil von Bad Rappenau) 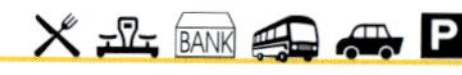

www.badrappenau-tourismus.de

Gäste-Information im Bahnhof Bab Rappenau, Bahnhofstr. 13, 74906 Bad Rappenau ☏ 072 64/922-391, gaesteinfo@badrappenau.de, Mo bis Fr 9:00-13:30 und 14:30-17:00, Sa 9:00-12:00

Clubrestaurant 1911 des TSV Heinsheim, Neckarstr. 1, ☏ 072 64/89 08 15, Mi und Do ab 17:00, Fr bis So ab 11:00

Buslinie 603 vom Lindenplatz nach Bad Wimpfen und Gundelsheim, werktags fast jede Stunde, samstags und sonntags im 2-Stunden-Takt, wenige Verbindungen mit Linie 684 nach Gundelsheim, Bad Wimpfen und Bad Rappenau (außer sonntags), Fahrplanhotline: ☏ 018 05/77 99 66

Taxi: ☏ 071 31/444 44

Untere Neckarstraße

Bei **Hochwasser** ist der Abschnitt am Neckar entlang nicht begehbar! Sie können ausweichen, indem Sie am Ende des Treppenweges von der Bergkirche der Neckarstraße nach rechts und dem gelben „R“ des Neckarrandweges folgen. Dieser Weg bietet streckenweise Schatten, auf den letzten 500 m bis zum Schwimmbad müssen Sie allerdings mit der Landesstraße vorliebnehmen.

Die Neckarstraße führt Sie am Bürgerbüro vorbei, durch die Öffnung des Hochwasserdamms und am TSV-Vereinsheim vorbei zum **Neckarufer ❹** in Höhe der Schiffsanlegestelle. Hier wandern Sie neckaraufwärts unmittelbar am Ufer entlang mehr als 2 km durch das Überschwemmungsgebiet der Heinsheimer Mulde. Mit etwas Glück können Sie hier Fischreiher und, wenn das Gras frisch geschnitten ist, eventuell auch Störche sehen. Die Ufervegetation wirft nur am frühen Morgen Schatten auf den Weg. Bei starker Sonneneinstrahlung im Hochsommer wird der Kreislauf stark belastet!

Nach ca. 30 Min. peilen Sie den Sprungturm des **Freibades ❺** (☞ Bad Wimpfen) an und gehen auf dem **Neckarradweg** (Radfahrer! Gehen Sie nicht nebeneinander, sondern hintereinander auf der rechten Seite und halten Sie Ihre Spur!) bis vor die Landesstraße 528. An einer Gruppe großer Kastanienbäume verlassen Sie den Radweg nach rechts zugunsten eines aufsteigenden Pfades. Dann wandern Sie auf einem wunderschönen, fast ebenen Pfad in halber Höhe durch den Steilhang. Nach

800 m auf diesem Pfad müssen Sie sich am Wegweiser „Altstadt“ entscheiden, ob Sie direkt zum Bahnhof und Endpunkt des Neckarsteigs weiterlaufen oder zunächst die Altstadt von Bad Wimpfen besuchen wollen.

Wahrscheinlich wird sich diese Frage für Sie aber gar nicht stellen, sind doch die Altstadt und die ehemalige Kaiserpfalz von **Bad Wimpfen** Höhe- und Schlusspunkt des Neckarsteigs. Sie folgen also dem Wegweiser rechts hinauf. Unter der Bahnlinie hindurch erreichen Sie die Hangkante an der Erich-Sailer-Straße (🚌 Linie 603 nach Heinsheim und Gundelsheim, Linie 685 nach Bad Rappenau). Sie wandern links durch einen kleinen Park und benutzen einen befestigten Pfad, der hoch über dem Neckar an der Außenseite von Altstadt und Pfalz entlangläuft. Dabei haben Sie mehrmals die Möglichkeit, durch Tore oder Türen durch die Mauer in die **Altstadt** bzw. die ♜ **Kaiserpfalz** zu schlüpfen. Der lohnenden Besichtigung von Kaiserpfalz und Altstadt sowie der Einkehr in einem der Restaurants und Cafés sollte ausreichend Zeit eingeräumt werden.

🚆 Den **Bahnhof** können Sie erreichen, indem Sie weiter dem genannten Pfad in Serpentinen hinab folgen oder aus der Altstadt durch die Hauptstraße nach Osten gehen.

Blick vom Blauen Turm auf Bad Wimpfen

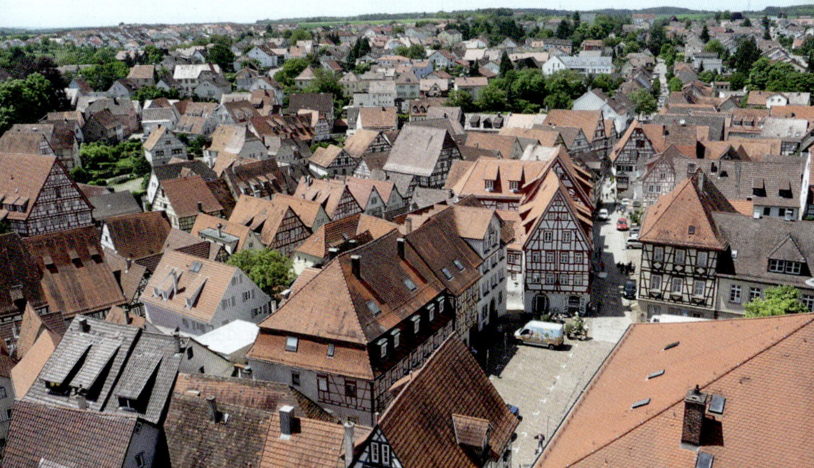

Bad Wimpfen

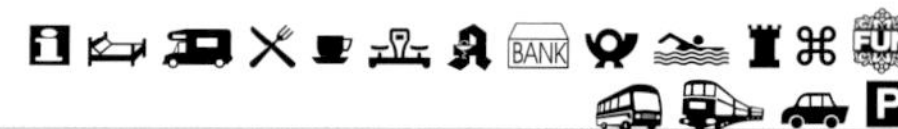

www.badwimpfen.de

Kultur- und Tourist-Information Bad Wimpfen, Hauptstr. 45, 74206 Bad Wimpfen, 070 63/532 30, info@badwimpfen.org, Mo bis Fr 10:00-12:00 und 14:00-17:00, Ostern bis Ende Okt auch Sa 10:00-12:00. Zimmervermittlung, Kurzreisen und Pauschalen, Veranstaltungen, umfangreiche Stadt- und Themenführungen, Weinproben

Hotel am Rosengarten****, Osterbergstr. 16, 74206 Bad Wimpfen, 070 63/99 10, www.hotel-rosengarten.net, direktion@hotel-rosengarten.net, 60 Zimmer, ÜF: EZ ab € 94, DZ ab € 124

♦ **Hotel Neues Tor**, Alte Heilbronner Str. 2, 74206 Bad Wimpfen, 070 63/930 00, www.neuestor.de, reservierung@neuestor.de, 50 Zimmer, ÜF: EZ ab € 109, DZ ab € 135, Suiten ab € 149

Hotel Neckarblick***, Erich-Sailer-Str. 48, 74206 Bad Wimpfen, 070 63/96 16 20, www.neckarblick.de, info@neckarblick.de, 19 Zimmer, ÜF: EZ ab € 95, DZ ab € 110, DBZ ab € 135

♦ **Gästehaus Fernblick****, Osterbergstr. 16, 74206 Bad Wimpfen, 070 63/99 10, www.hotel-rosengarten.net, direktion@hotel-rosengarten.net, 61 Zimmer, ÜF: EZ ab € 49, DZ ab € 72

♦ **Hotel Herberge zur Traube**, Hauptstr. 1, 74206 Bad Wimpfen, 070 63/93 43 43, www.herberge-zur-traube.de, 18 Zimmer, ÜF: EZ ab € 70, DZ ab € 120

♦ **Hotel Am Kurpark**, Kirschenweg 16, 74206 Bad Wimpfen, 070 63/93 42 46, www.dashotelamkurpark.de, hotelamkurpark@googlemail.com, 12 Zimmer, ÜF: EZ ab € 79, DZ ab € 97, DBZ ab € 130

♦ **Hotel Wagner**, Marktplatz 1, 74206 Bad Wimpfen, 070 63/85 82, www.hotel-wagner.com, info@hotel-wagner.com, 10 Zimmer, ÜF: EZ ab € 65, DZ ab € 95

♦ **Gästehaus zur Sonne**, Langgasse 3, 74206 Bad Wimpfen, 070 63/96 11 60, www.sonne-badwimpfen.de, info@sonne-badwimpfen.de, 12 Zimmer, ÜF: EZ ab € 70, DZ ab € 100

♦ **Kloster Bad Wimpfen,** Lindenplatz 7, 74206 Bad Wimpfen, 070 63/97 04-0, www.kloster-bad-wimpfen.de, klosterbadwimpfen@malteser.org, 18 Zimmer, ÜF: EZ ab € 57, DZ ab € 95

SRH Gesundheitszentrum, Bei der alten Saline 2, 74206 Bad Wimpfen, 070 63/520, www.gesundheitszentrum-badwimpfen.de, info@gbw.srh.de, 8 Wohnmobilstellplätze

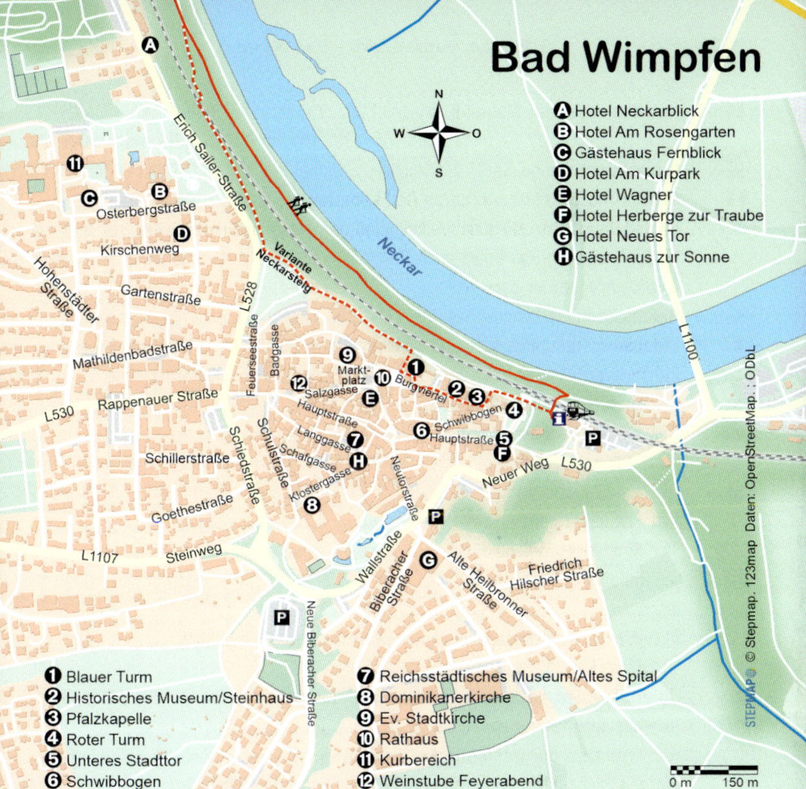

✕ **Feyerabend**, Hauptstr. 74, 74206 Bad Wimpfen, ☏ 070 63/95 05 66, Weinstube, Restaurant Mi-Sa Küche 12:00-14:00, 18:00-21:00, So und Fei 12:00-14:00 und 18:00-20:30, Café Mi-Sa 10:00-17:30, So und Fei 11:00-17:30

Solebad, Osterbergstr. 16 (Gesundheitszentrum), 74206 Bad Wimpfen, ☏ 070 63/52 21 80, www.badwimpfen.de, Di bis Sa 7:00-21:00, So/Fei 8:00-17:00, Warmbad mit Innen- und Außenbecken, Sauna- und Dampfbadanlage im Hotel Rosengarten

♦ **Mineral-Freibad** am Neckar, 74206 Bad Wimpfen, ☏ 070 63/93 46 940, Mai bis Aug Mo bis Fr 12:00-20:00, Sa, So, Fei und Ferien 10:00-20:00

⌘ **Historisches Museum** im Steinhaus, Burgviertel, 74206 Bad Wimpfen, ☏ 070 63/95 03 13 (Kulturamt), www.badwimpfen.de, Ostern bis 2. Wochenende im Okt Di bis So 10:00-12:00 und 14:00-16:30

⌘ **Reichsstädtisches Museum** im Alten Spital, Hauptstr. 45, 74206 Bad Wimpfen, ☏ 070 63/97 20 27, www.badwimpfen.de, täglich 10:00-12:00 und 14:00-17:00

KunstNacht: Lange Nacht der Museen, Galerien und Kirchen, Künstler öffnen ihre Ateliers, 1. Sa im Mai

♦ **Flussgelaunt am Neckar:** Volksfest, Schiffskorso und Feuerwerk auf und am Neckar zwischen Bad Friedrichshall und Gundelsheim, 1. Wochenende im Aug alle 2 Jahre mit gerader Zahl

♦ **Reichsstadtfest**: historisches Event Mai/Juni alle 2 Jahre mit ungerader Zahl

♦ **Wimpfener Talmarkt:** Volksfest mit Krämermarkt, Ende Juni (Peter und Paul)

♦ **Zunftmarkt:** mittelalterlicher Handwerksmarkt, letztes Augustwochenende

♦ **Altdeutscher Weihnachtsmarkt,** an den ersten drei Adventswochenenden, www.weihnachtsmarkt-badwimpfen.de

Linie 603 nach Heinsheim und Gundelsheim, Linie 685 nach Bad Rappenau

R 77 im Stundentakt nach Sinsheim und Heidelberg bzw. Bad Friedrichshall-Jagstfeld, Hbf. und Heilbronn

Taxi Kircher: ☏ 070 63/83 17

P am Bahnhof

☺ In Bad Friedrichshall-Jagstfeld finden Sie eine weitere Unterkunft.

Gasthof Schöne Aussicht „Neckartreff", Deutschordensstr. 2, 74177 Bad Friedrichshall-Jagstfeld, ☏ 071 32/91 93 050, www.neckartreff.de, reservierung@neckartreff.de, ÜF: EZ € 65, DZ € 80, DBZ € 108, auf dem Hochufer mit Blick über das Neckartal auf die Silhouette von Bad Wimpfen, zu Fuß über die Eisenbahnbrücke, durch die Neckaraue und Wimpfen im Tal nach Bad Wimpfen

Bad Wimpfen ist berühmt wegen seiner **Kaiserpfalz**, der größten Pfalz nördlich der Alpen. Mit einer Ausdehnung von 215 m x 88 m thront sie auf einem Felssporn über dem steilen Prallhang des Neckars. Blauer Turm und Roter Turm nahmen früher die Funktion eines Bergfrieds wahr. Pfalzkapelle, Steinhaus, Schwippbogentor und Teile der sonstigen Befestigung sind erhalten. Die Pfalz wurde im 12. Jh. von den Stauferkaisern erbaut und gehörte zu den über das Reich verteilten Residenzen.

Nicht minder sehenswert ist die historische **Altstadt** von Bad Wimpfen, die seit 1981 als Ganzes denkmalgeschützt ist. Die Altstadt zählt zu den bedeutendsten Fachwerkstädten Deutschlands. Es lohnt sich, an einer Stadtführung teilzunehmen, um mehr über die Geschichte der Stadt und die zahl-

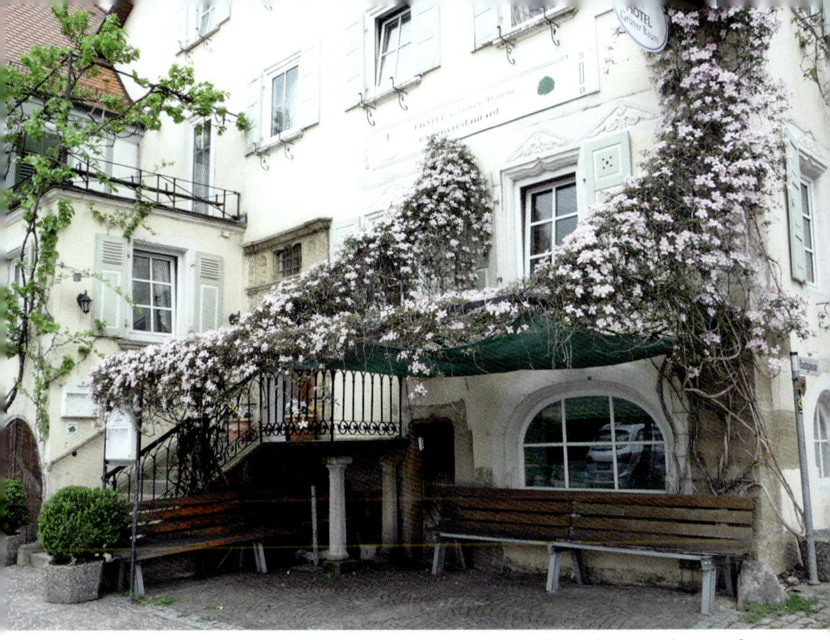

Hausschmuck in Bad Wimpfen

reichen bauhistorischen Schätze zu erfahren. Bei der Vielzahl bedeutender Bauten würde es den Rahmen dieses Wanderführers sprengen, darauf im Einzelnen einzugehen.

Die älteste Siedlung liegt jedoch in **Wimpfen im Tal**. Hier hatten die Römer in strategisch günstiger Lage am Neckar gegenüber der Jagstmündung ein Kastell als Teil des Limes errichtet und eine Brücke über den Neckar gebaut. Nach den Ungarneinfällen wurde hier die Stiftskirche St. Peter im romanischen Stil errichtet und im 13. Jh. zur gotischen Kirche umgebaut.

Nach dem Niedergang der Staufer wurde Wimpfen Freie Reichsstadt. Die Reformation wurde konsequent durchgesetzt, wie überhaupt die Bauern (Bauernaufstand) und Bürger dieses Landstrichs sich gegen überkommene gesellschaftliche Strukturen auflehnten. So wundert es nicht, dass hier eine der wichtigsten und blutigsten Schlachten des Dreißigjährigen Krieges stattfand. In der **Schlacht bei Wimpfen** schlug das Heer der Katholischen Liga unter Tilly das vom Markgrafen von Baden angeführte protestantische Heer. Die Folgen für Wimpfen waren verheerend. Am Ende des Krieges 1648 hatte

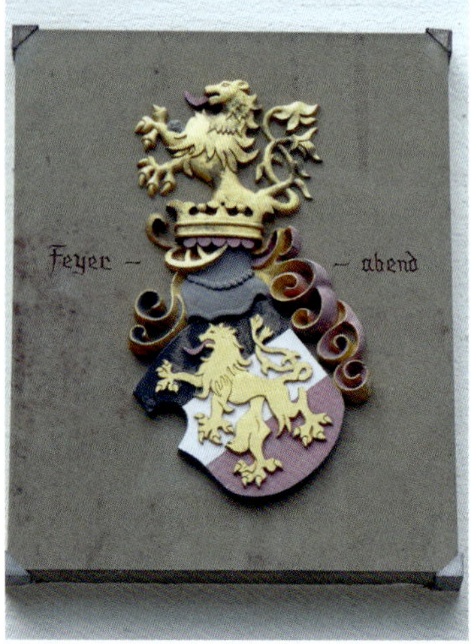

Wappen in Bad Wimpfen

die Stadt nur noch ein Zehntel der Bevölkerung vor dem Krieg und diese war völlig verarmt.

Eine Verbesserung der wirtschaftlichen Lage trat erst gegen Mitte des 19. Jh. ein, als Sole gefördert, ein **Kurbetrieb** entwickelt und ein Bahnanschluss eingerichtet wurde. Seit 1930 trägt Wimpfen den Zusatz „Bad". Heute hat sich, wie ein Blick ins Tal lehrt, im Neckarbecken Industrie angesiedelt.

Hinsichtlich der Landeszugehörigkeit stellt Wimpfen eine Kuriosität dar. Nach dem Ende des Heiligen Römischen Reiches Deutscher Nation 1803 kam Wimpfen zu Hessen-Darmstadt, fand sich aber bald danach als hessische Exklave zwischen Baden und Württemberg wieder und blieb es bis 1945. Die Grenze Hessens war ca. 40 km entfernt. In einer nicht bindenden Volksbefragung sprach sich die Mehrheit der Bürger Wimpfens für eine Zugehörigkeit zum Landkreis Heilbronn und damit zu Württemberg aus. Faktisch gehört Bad Wimpfen zu Baden-Württemberg, rechtlich ist diese Frage jedoch bis heute nicht endgültig geklärt.

Damit haben Sie die Wanderung über den Neckarsteig erfolgreich abgeschlossen. Bad Wimpfen bietet am Ende einen angenehmen Aufenthalt. Sie haben sogar die Möglichkeit, in den Kureinrichtungen von Bad Wimpfen und Bad Rappenau Ihrem von der Wanderung vielleicht doch etwas geforderten Körper Gutes zu tun.

Unterwegs mit OUTDOOR-Handbüchern aus dem Conrad Stein Verlag

- Basiswissen für draußen
- Tageswanderungen
- Fernwanderwege

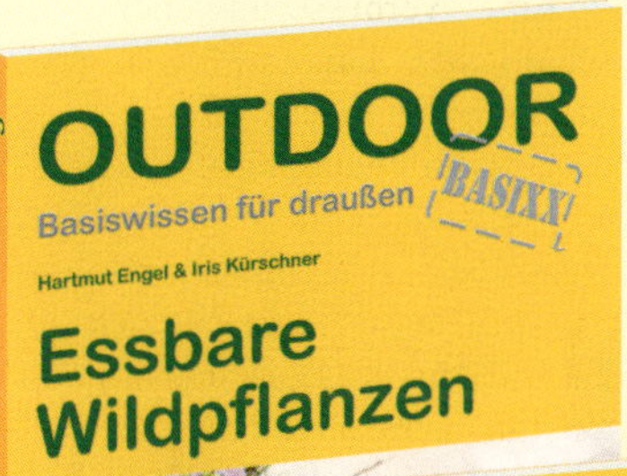

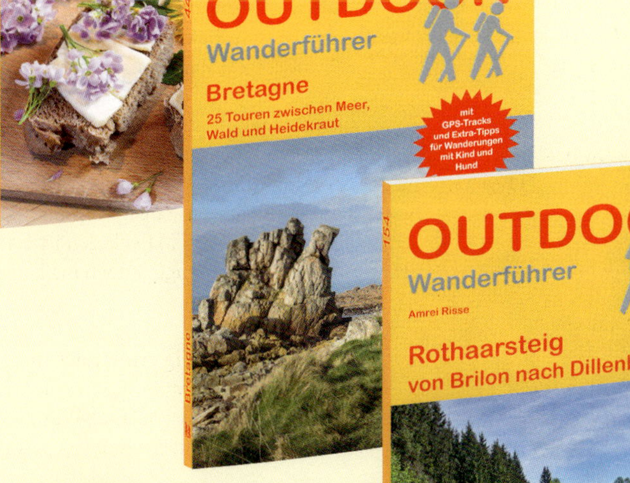

OUTDOOR

CONRAD STEIN VERLAG

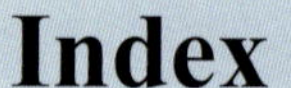

Index

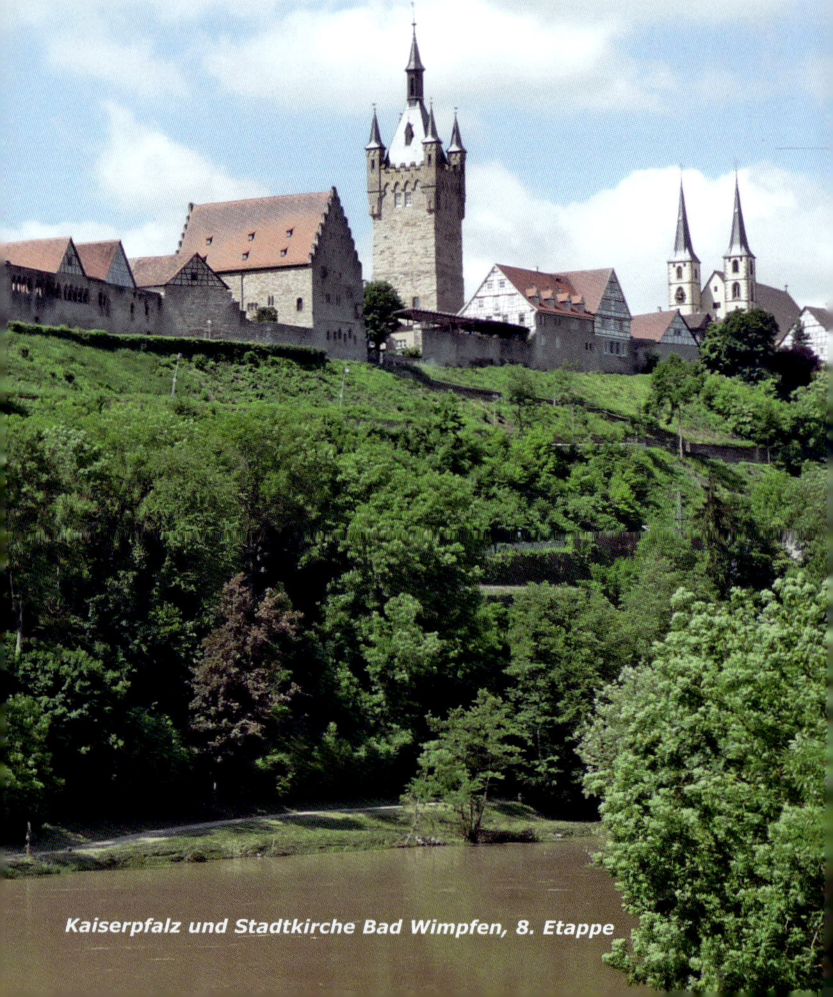

Kaiserpfalz und Stadtkirche Bad Wimpfen, 8. Etappe